Weingarten

Weingarten

Tradition und Gegenwart

Herausgegeben von Peter Renz
im Auftrag der Stadt Weingarten

Weingarten - Tradition und Gegenwart

1. Auflage

Weingarten, 2001

Gestaltung: d-werk gmbh | Katrin Degenkolb | Ulrich Jassniger

Fotos: Ernst Fesseler | Daniel Hartmann | Rupert Leser | u.a.

Umschlaggestaltung: mit Fotos von Rainer Beck, Daniel Hartmann, Rupert Leser

Repro: Christ GmbH

Druck: Gerstmayer Offsetdruck GmbH+Co

Weiterverarbeitung: Verlagsbuchbinderei Conzella

Übersetzung: Büroservice Schmieder

Printed in Germany

Gedruckt auf Classen Supra 170 g/m^2

ISBN 3-935093-25-X

Inhalt

Vorwort von Oberbürgermeister Gerd Gerber

Altvertrautes und Bekanntes wieder zu entdecken, Neugeschaffenes festzuhalten mit fotografischem Blick, neue Sichtweisen dort vermittelnd, wo einem schon längst Gewohntes begegnet und Einblicke gewährend, wo man durch allzu große Gewöhnung den Sinn für Detail und Tiefenschärfe verloren hat, das alles verspricht der neue Bildband, den die Stadt Weingarten fast 20 Jahre seit dem Erscheinen des längst schon vergriffenen Vorläufers Ihnen, verehrte Leserinnen und Leser, präsentiert.

Eine Stadt wandelt ihr Gesicht – so könnte man die Entwicklung beschreiben, die sich in diesen beiden Bänden spiegelt, denn vieles, was damals neu war, gehört zwischenzeitlich zum bekannten Bild.

Wandel ist aber nur die eine Seite des Fortschritts in einer Stadt. Genauso wichtig ist es Vertrautes zu bewahren, denn nur dadurch entsteht Nähe, entsteht urbanes Lebens- und Heimatgefühl und Geborgenheit. Wer die Stätten seiner Kindheit nicht mehr wiederfindet und erkennt, der mag ihnen nachträumen, gleichwohl sind sie unwiederbringlich verloren. Deshalb muss eine Stadt sich immer auf die Gratwanderung einlassen zwischen Bewahren und behutsamer Fortentwicklung. Nur wenn es gelingt beides miteinander zu verbinden, wird die Brücke zwischen Vergangenheit und Zukunft tragfähig sein, auch wenn sich mit der Zeit manches nur noch in „alten Ansichten" findet, um dort mit nostalgischer Wehmut betrachtet zu werden.

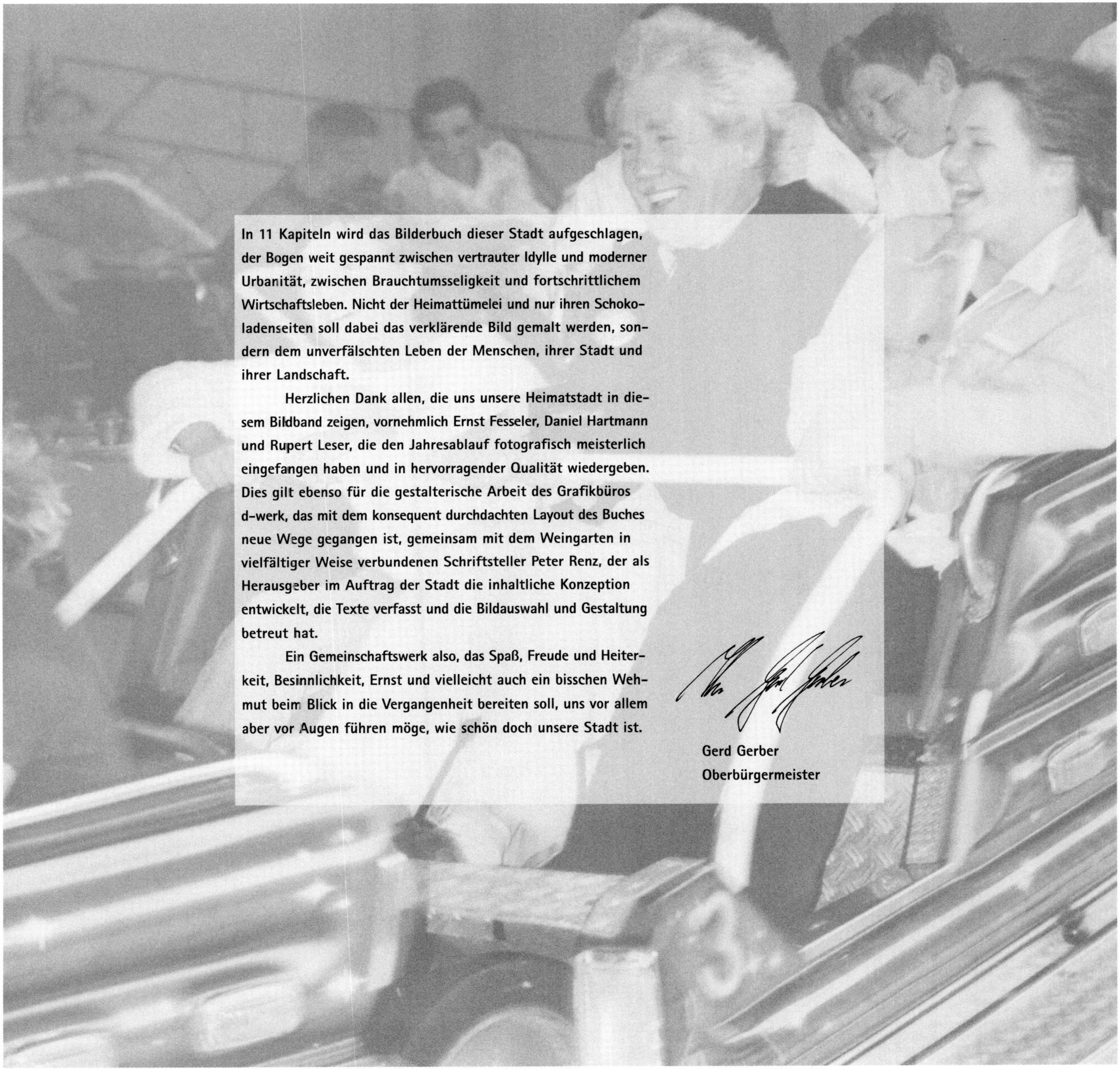

In 11 Kapiteln wird das Bilderbuch dieser Stadt aufgeschlagen, der Bogen weit gespannt zwischen vertrauter Idylle und moderner Urbanität, zwischen Brauchtumsseligkeit und fortschrittlichem Wirtschaftsleben. Nicht der Heimattümelei und nur ihren Schokoladenseiten soll dabei das verklärende Bild gemalt werden, sondern dem unverfälschten Leben der Menschen, ihrer Stadt und ihrer Landschaft.

Herzlichen Dank allen, die uns unsere Heimatstadt in diesem Bildband zeigen, vornehmlich Ernst Fesseler, Daniel Hartmann und Rupert Leser, die den Jahresablauf fotografisch meisterlich eingefangen haben und in hervorragender Qualität wiedergeben. Dies gilt ebenso für die gestalterische Arbeit des Grafikbüros d-werk, das mit dem konsequent durchdachten Layout des Buches neue Wege gegangen ist, gemeinsam mit dem Weingarten in vielfältiger Weise verbundenen Schriftsteller Peter Renz, der als Herausgeber im Auftrag der Stadt die inhaltliche Konzeption entwickelt, die Texte verfasst und die Bildauswahl und Gestaltung betreut hat.

Ein Gemeinschaftswerk also, das Spaß, Freude und Heiterkeit, Besinnlichkeit, Ernst und vielleicht auch ein bisschen Wehmut beim Blick in die Vergangenheit bereiten soll, uns vor allem aber vor Augen führen möge, wie schön doch unsere Stadt ist.

Gerd Gerber
Oberbürgermeister

1

2

3

4

Vertraute Modernität

5

6

7

8

9

10

11

Vertraute Modernität

Überragt vom Barock der Basilika und der eindrucksvollen Klosteranlage liegt Weingarten weich gebettet am östlichen Rand des Schussentals. Zwischen bewaldeten Höhen und ausgedehnten Industrieansiedlungen erstreckt sich das abwechslungsreiche Stadtgebiet, in dem moderne Urbanität und lange geschichtliche Tradition sich zu einer abwechslungsreichen, lebendigen Gegenwart verbinden. Als „Grosse Kreisstadt" hat sich Weingarten die gewachsene Eigenart bewahrt und zugleich den Aufbruch ins neue Jahrtausend erfolgreich eingeleitet: Umfangreiche Sanierung der Innenstadt, großzügige Erschließung neuer Wohngebiete und Industrieansiedlungen, verkehrsberuhigter Stadtkern mit Fußgängerzonen, Ausbau der Sport- und Freizeiteinrichtungen, überregional bedeutsame Bildungseinrichtungen und ein modernes Kultur- und Kongresszentrum bilden die besten Voraussetzungen für ein reges städtisches Leben.

Die geschichtlichen Wurzeln Weingartens reichen weit zurück: Die alamannische Gräbersiedlung aus dem 4. Jahrhundert lässt ahnen, auf welche lebendige Vergangenheit die Flußniederung entlang des Scherzachufers zurückblicken kann. Mit den Welfen gewann die Siedlung am Martinsberg eine erste Identität: Seit etwa 840 als Sitz der Herzöge von Altdorf ausgewiesen, nennt sich Weingarten noch heute stolz „Welfenstadt". Mit der Klostergründung 1056 auf dem Martinsberg war der Ort zum ersten Mal aufgeblüht: Romanische Basilika, Grablege der Welfen, Reliquie des Heiligen Blutes. Danach lange Zeit Sitz der habsburgischen Landvögte, wurde der Ort durch den Monumentalbau der barocken Basilika im frühen 18. Jahrhundert zum überregional bedeutsamen Anziehungspunkt. Die Ansiedlung von Industrie und die Gründung der Garnison leitete vor 100 Jahren die Entwicklung zur modernen Gegenwart Weingartens ein.

Architektonische Spuren der geschichtlichen Vergangenheit verbinden sich heute mit den zahlreichen Neubauten und behutsamen Sanierungsmaßnahmen zu einem kontrastreichen Stadtbild: Ein Schauplatz für lebendiges Brauchtum und geschäftstüchtige Gegenwart. Im gleichberechtigten Nebeneinander von geschichtlicher Tradition und modernem Zeitgeist ist das Lebensgefühl der Bürger Weingartens beispielhaft aufgehoben.

Der postmoderne Neubau der Kreissparkasse setzt städtebauliche Akzente zwischen Löwenplatz und Stadtgarten.

The new, postmodern building of the Kreissparkasse bank adds interest to the townscape between the Löwenplatz and the municipal park.

Le nouvel immeuble de la Kreissparkasse - un vrai point de mire entre le Löwenplatz et le Stadtgarten.

L'edificio postmoderno della Kreissparkasse (cassa di risparmio) mette accenti urbanistici fra il Löwenplatz ed i giardini pubblici.

In der stahlgerahmten Glasfassade des Naturwissenschaftlichen Zentrums spiegelt sich die barocke Kuppel der Basilika.

The baroque cupola of the basilica is reflected in the steel-framed glass facade of the Centre for Natural Sciences.

La coupole baroque de la basilique se reflète dans la façade en verre aux profilés d'acier du Centre Scientifique.

Nella facciata di vetro incorniciata d'acciaio del Centro delle Scienze Naturali si rispecchia la cupola barocca della Basilica.

Von der Buchmalerei zur Rotationsmaschine: Das fünffach getürmte Metalldach des Druckhauses Ulm-Oberschwaben wetteifert mit den Doppeltürmen der Basilika auf dem Martinsberg. Akzente moderner Industrie- und Büroarchitektur setzen der Neubau der Maschinenfabrik Müller Weingarten, der sachliche Zweckbau des Finanzamtes und die Maschinefabrik Waeschle im ehemaligen Charmor-Gebäude (unten, v.l.)

From book illustration to rotary press: the five-towered metal roof of the Ulm-Oberschwaben printing works vies with the twin spires of the basilica on the Martinsberg. Examples of modern industrial and office architecture include the new Müller Weingarten machine factory building, the functional tax office building and the Waeschle machine factory in the former Charmor complex (below, left to right)

De la peinture de manuscrits à l'impression par rotative: le toit métallique quintuple de l'imprimerie Ulm-Oberschwaben rivalise avec les doubles tours de la basilique sur le Martinsberg. Les accents d'architecture moderne sont l'entreprise de construction mécanique Müller Weingarten, le bâtiment fonctionnel de l'administration des finances et l'entreprise de construction mécanique Waeschle dans l'ancien bâtiment Charmor.
(en bas, de gauche à droite)

Dalla pittura di libri alla macchina rotativa: Il tetto della casa tipografica di Ulm-Oberschwaben incoronato da cinque torrette gareggia con le torri doppie della Basilica sul Martinsberg (collina di Martino). Il nuovo edificio dello stabilimento Müller Weingarten, la costruzione funzionale e fredda dell'Ufficio delle Imposte e lo stabilimento Waeschle nel vecchio edificio Charmor mettono accenti d'architettura moderna industriale e ad uso uffici. (sotto, da sinistra)

Früher bildete das Kleinhandwerk den wichtigsten Wirtschaftszweig in Weingarten. Heute gehören die wenigen verbliebenen klassischen Handwerksbetriebe wie Schuhmacher, Schmiede und Setzerei zum nostalgischen Bestand.

Small-scale craft trades were once the economic backbone of Weingarten. Today, the few remaining traditional trades such as shoemaking, forging and typesetting provide a nostalgic reminder of the town's heritage.

Jadis, Weingarten devait son expansion économique aux petits métiers. Aujourd'hui, les quelques entreprises artisanales restantes tels que les cordonniers, forgerons et ateliers de composition ne sont plus que le reflet du bon vieux temps.

Nel passato l'artigianato piccolo rappresentava il settore economico più importante di Weingarten. I pochi artigiani classici rimanenti come il calzolaio, il fabbro ed il compositore formano il patrimonio nostalgico di oggi.

Mit der spiralförmigen Tiefgarage ist das Kultur- und Kongresszentrum und das angegliederte Mövenpick-Hotel für großen Besucherandrang gewappnet.

With its spiral-shaped underground car park, the Culture and Congress Centre and adjoining Mövenpick hotel is well equipped to receive large numbers of visitors.

Avec son parking souterrain en forme de spirale, le Centre de la Culture et de Congrès et l'Hôtel Mövenpick y rattaché sont bien équipés pour recevoir les nombreux visiteurs.

Grazie al parcheggio sotterraneo a spirale, il centro di cultura e congressi e l'Hotel Mövenpick annesso possono accogliere i numerosi visitatori.

Historischer Architektur-Akzent nahe dem Scherzachufer:
Das „Schlössle", der ehemalige Sitz des Landrichters in Altdorf, wurde sorgfältig renoviert und zum Musen- und Museen-Tempel umgestaltet.

A piece of architectural history on the banks of the Scherzach: the „Schlössle", former residence of the district judge of Altdorf, has been lovingly restored and turned into a museum and art venue.

Accent historique architectural près des rives de la Scherzach: le „Schlössle", l'ancien siège du juge du bailli de Altdorf a été soigneusement restauré et transformé en musée et temple d'inspiration.

Accento architettonico storico vicino alla riva del fiume Scherzach: Lo „Schlössle" (palazzina), vecchia sede del giudice provinciale di Altdorf, è stato restaurato e ristrutturato con cura ed è oggi il tempio delle muse e dei musei.

Lernen fürs Leben in Sichtweite der Basilika: In der Lehrwerkstatt der Maschinenfabrik Müller Weingarten werden die künftigen Facharbeiter ausgebildet.

Learning for life within view of the basilica: the next generation of skilled workers serve their apprenticeship at the training centre of Müller Weingarten machine factory.

Apprendre pour la vie à portée de vue de la basilique: dans l'atelier d'apprentissage de l'entreprise de construction mécanique Müller Weingarten, les ouvriers qualifiés de demain font leur apprentissage.

Imparare per la vita in vista della Basilica: Nelle officine dello stabilimento Müller Weingarten gli apprendisti si qualificano per il loro futuro.

Studium für die Zukunft im Spiegel der Geschichte: Das Naturwissenschaftliche Zentrum in lebendiger Nachbarschaft zum ehemaligen „Fruchtkasten", der heutigen Bibliothek für Studenten der PH und FH.

Studying for the future amid the relics of the past: the Centre for Natural Sciences lies cheek by jowl with the former „Fruchtkasten" or grain store, now a library used by students at the teachers' training and technical colleges.

Faire des études au pied d'un site historique: le centre scientifique voisinant l'ancien „Fruchtkasten", la bibliothèque actuelle des étudiants de l'I.U.F.M. et de l'institut universitaire de technologie.

Studiare per il futuro nello specchio della storia: Il Centro delle Scienze Naturali in viva vicinanza del vecchio „Fruchtkasten" (casa dei frutti), che oggi ospita la biblioteca per gli studenti degli istituti superiori PH e FH.

Ora et abora: Basilika bei Nacht und Pressenmontage bei Müller Weingarten. Das Spannungsfeld von rel giöser Kultur und technischem Erfindungsgeist hat den Charakter der Stadt lange Zeit geprägt.

Ora et labora: the basilica by night and the press assembly line at Müller Weingarten. The tensions between religious culture and technical innovation have long shaped the character of the town.

Ora et labora: la basilique de nuit et montage de presses chez Müller Weingarten. Les tensions entre la culture religieuse et le génie inventif ont longtemps marqué le caractère de la ville de Weingarten.

Ora et labora: La Basilica di notte e il montaggio di presse nello stabilimento Müller Weingarten. Per lungo tempo è stata infatti la tensione fra cultura religiosa e spirito inventivo tecnico a caratterizzare la fisionomia della città.

Geistige Regsamkeit in verschneiter Idylle: Das Nebeneinander von Katholischer Akademie und Benediktinerabtei setzt die alte Tradition der Gelehrsamkeit im Südflügel des Klosters bis heute fort.

A hive of spiritual activity in a snow-covered idyll: the coexistence of the Catholic academy and Benedictine monastery ensures the preservation of the ancient scholarly tradition in the southern wing of the monastry.

L'activité spirituelle toute ensevelie de neige: la coexistence de l'académie catholique et le monastère des bénédictins continue à poursuivre l'ancienne tradition d'érudition dans l'aile sud du monastère.

Vivacità spirituale nell'idillio invernale: L'accademia cattolica ed il monastero dei benedettini curano tutt'ora la vecchia tradizione dell'erudizione nell'ala sud del monastero.

Maß für Maß: In Sichtkontakt mit dem gebieterischen Barock der Basilika präsentiert sich die Architektur der Kreissparkasse im zukunftsgerichteten Schwung der Moderne.

Old end new: the sweeping modern architecture of the Kreissparkasse bank within view of the baroque grandeur of the basilica.

Tradition et modernisme: l'architecture moderne de la „Kreissparkasse" côte à côte avec le style baroque de la basilique.

Nelle immediate vicinanze dell'imperioso stile barocco della Basilica, l'edificio della cassa di risparmio si presenta con lo slancio dell'architettura moderna orientato al futuro.

Welfischer Löwe:
Seit der feierlichen Enthüllung wacht das Wappentier der Klostergründer wieder auf dem Martinsberg neben der Basilika.

The Guelphic Lion:
since its ceremonial unveiling, this heraldic symbol of the monastery's founders has stood guard once again by the basilica on the Martinsberg.

Le lion guelfe: depuis son dévoilement solennel, l'animal héraldique des fondateurs du monastère veille de nouveau sur le Martinsberg à côté de la basilique.

Il leone dei guelfi (welfischer Löwe): Dal suo solenne scoprimento, l'animale araldico dei fondatori del monastero veglia di nuovo sul Martinsberg accanto alla Basilica.

Vertraute Umgebung: Vom Osthang der Stadt schweift der Blick über die malerischen Giebel von Amtshaus und „Sternen" in die weiträumige Senke des Schussentals.

A familiar view: from the eastern slopes of the town, the eye wanders over the picturesque gables of the Amtshaus and „Sternen" to the sweeping Schussen valley.

Alentours familiers: du coteau Est de la ville, le regard se promène des pignons pittoresques de l'Amtshaus et du „Sternen" vers la vaste vallée du Schussen.

Dintorni conosciuti: Dalla collina ad est della città l'occhio scorre sui pittoreschi timpani della sede d'ufficio (Amtshaus) e dell'hotel „Sternen" e giunge alla larga valle del fiume Schussen.

Brauchtum und Zukunftsoffenheit: Die atmosphärische Dichte beim Anritt der Blutreiter auf der Abt-Hyller-Strasse gehört ebenso zu Weingarten wie der weite Blick nach Süden über die Türme der Nachbarstadt Ravensburg bis zum Bodensee und den Alpen.

Where love of tradition and an open outlook go hand in hand: the intense atmosphere as riders gather in the Abt-Hyller-Strasse for the procession of the Holy Blood relic is as much part of Weingarten as the panoramic view southwards over the towers of neighbouring Ravensburg to Lake Constance and the Alps.

Tradition et ouverture d'esprit: cette ambiance spéciale lors de la procession annuelle des chevaliers du Saint Sang fait partie intégrante de Weingarten, tout comme cette vue panoramique sur les tours de la ville voisine de Ravensburg jusqu'au Lac de Constance et les Alpes!

Affezionati alle usanze ed aperti al futuro: l'atmosfera densa durante la partenza dei Cavalieri del Sangue (Blutreiter) nella Abt-Hyller-Strasse fa allo stesso modo parte di Weingarten quanto la vista verso sud, sopra le torri della città vicina di Ravensburg, fino al Lago di Costanza e le Alpi.

HOTEL

Kloster, Basilika und kirchliche Feste

Schmidbauer KG
Schmidbauer KG
Schmidbauer KG

Kloster, Basilika und kirchliche Feste

Das barocke Kloster Weingarten gilt als das berühmteste unter den oberschwäbischen Klöstern. Seine Ursprünge gehen zurück auf die Gründung der Benediktinerabtei durch die Welfen im Jahr 1056. Die damals romanische Klosterkirche diente den Welfen als Grablege und kam daher in den Genuss bedeutsamer Schenkungen. 1094 vermachte Juditha, die Gattin Welfs IV., dem Kloster die Heiligblutreliquie, die dem Kloster fortan bis heute einen hohen Rang als Wallfahrtsstätte verlieh. In der ersten Hälfte des 18. Jahrhunderts wurde unter Abt Sebastian Hyller an Stelle der ehemaligen romanischen Klostergebäude auf dem Martinsberg ein barocker Neubau errichtet, der mit seiner weitläufigen Gesamtanlage als der „deutsche Escorial" konzipiert war. Dieser „Idealplan" wurde zwar nicht verwirklicht, doch die heute noch vorhandene barocke Architektur des Nord- und Ostflügels, der Basilika und einiger weiterer Nebenbauten lassen die beabsichtigten Dimensionen erkennen: Hier herrscht ein Maß, das weit über den Ort hinausreichen will. Es zeugt nicht nur von der Macht und dem Reichtum des Klosters besonders im 17. und 18. Jahrhundert, sondern ebenso vom einstmals eminenten Einfluss der Benediktiner auf die Bewohner des Fleckens „Altdorf" (1865 anlässlich der Erhebung zur Stadt durch König Karl in „Weingarten" umbenannt) und weiter Teile der Region. Kulturelle Berühmtheit hatte das Kloster in den Jahrhunderten zuvor schon erlangt, unter anderem durch herausragende Leistungen in der Musik und der Buchkunst: So zählte zur umfangreichen Klosterbibliothek neben vielen anderen auch die sogenannte „Weingartner Liederhandschrift".

In ursprünglicher Gestalt erhalten geblieben ist das südliche Konventgebäude mit seinem spätgotischen Kreuzgang. Dort leben noch heute die Mönche der Benediktinerabtei, die maßgeblich an der Gestaltung des kirchlichen Lebens in der Stadt mitwirken. Im barocken Nordflügel, dem ehemaligen Prälaturgebäude und dem Schlossbau ist die Pädagogische Hochschule untergebracht, deren wissenschaftliche Bibliothek sich im ehemaligen Fruchtkasten des Klosters befindet.

Was vor allem noch heute die bedeutenden Rolle des Benediktinerklosters dokumentiert ist die weithin sichtbare, beeindruckende Architektur der Basilika. Sie gilt als das „schwäbische St. Peter" und ist die größte barocke Kirchenanlage nördlich der Alpen. In nur neun Jahren (1715-24) nach dem Vorbild der Salzburger Kollegienkirche erbaut, trägt sie die Handschrift bedeutender Barockbaumeister und Künstler wie Frisoni, Beer, Asam und Gabler: Die imposante Westfront mit den beiden Türmen und dem beeindruckenden Kuppelbau ist zum unverwechselbaren Inbild der Stadt Weingarten geworden. Der Grundriß der Basilika (Gesamtlänge 102 m, Querschiff 43 m) vermittelt dem Eintretenden den überwältigenden Eindruck einer wahrhaft königlichen Halle, in der durch kluge Anordnung der mächtigen Pfeiler und durchlichterter Seitenschiffe der Eindruck prunkvoll erhebender Festlichkeit entsteht. Der Barock als Kunst, den Raum in Bewegung zu versetzen, erfährt in der Weingartner Basilika eine nahezu klassiche Ausprägung.

Die himmelwärts führenden Fresken Cosmas Damian Asams, die lichtumspielten Engelsskulpturen, der prächtige, von Frisoni entworfene Hochaltar, flankiert vom Chorgestühl Joseph Anton Feuchtmayers, die kunstvollen Stukkaturen Franz Schmuzers, die scheinbar schwebende Kanzel Fidel Sporers, das Brausen der berühmten Gabler-Orgel in der gewaltigen Kirchenhalle, die Gesänge der Patres, das barocke Schauspiel hoher Feiertagsmessen, haben immer schon ein Gefühl von Größe vermittelt.
Besonders eindrucksvoll wird dies erlebbar an den großen kirchlichen Feiertagen und Festen, die zum lebendigen Bestand des kulturellen Lebens der Stadt gehören. Herausragendes Ereignis im Jahreswechsel ist dabei der Blutfreitag, jenes Hochfest zu Ehren der in der Basilika aufbewahrten Heilig-Blut-Reliquie (der Überlieferung nach mit dem Blut Jesu Christi getränkte Erde vom Kalvarienberg), das auf eine Jahrhunderte alte Tradition zurückgeht.

Impressionen einer beeindrukkenden Architektur: Ob im Lichtblitz einer Gewitterfront oder im milden Abendlicht über dem Schussental, – der Barock gibt der Stadt und der Landschaft ihren unverwechselbaren Charakter.

Impressions of a striking architecture: illuminated by a flash of lighting or bathed in the soft evening light over the Schussen valley – the baroque style lends a distinctive note to the town and its surrounding countryside.

Images d'une architecture impressionnante: ébloui par l'éclair d'un passage orageux ou plongé dans la douce lumière du crépuscule sur la vallée du Schussen - le style baroque donne un cachet particulier à la ville et au paysage.

Impressioni di una architettura grandiosa: Sia nel fulmine di un temporale, sia nella tenue luce serale sopra la valle del fiume Schussen - il barocco conferisce alla città e al paesaggio il loro inconfondibile carattere.

Erhabener Schwung: Bis in die kleinsten Details folgt der barocke Formenreichtum der hohen Absicht seiner Baumeister – Verherrlichung und Repräsentanz.

Sublime grandeur: the formal richness of the baroque style fulfils its architects' supreme goal of glorification and representation down to the last detail.

D'une allure grandiose: la recherche de la perfection baroque jusque dans les détails reflète certes l'intention de ses architectes: glorification et exubérance.

Slancio grandioso: La ricca varietà di forme barocche segue fino nei minimi particolari le elevate intenzioni dei costruttori: glorificazione e rappresentazione.

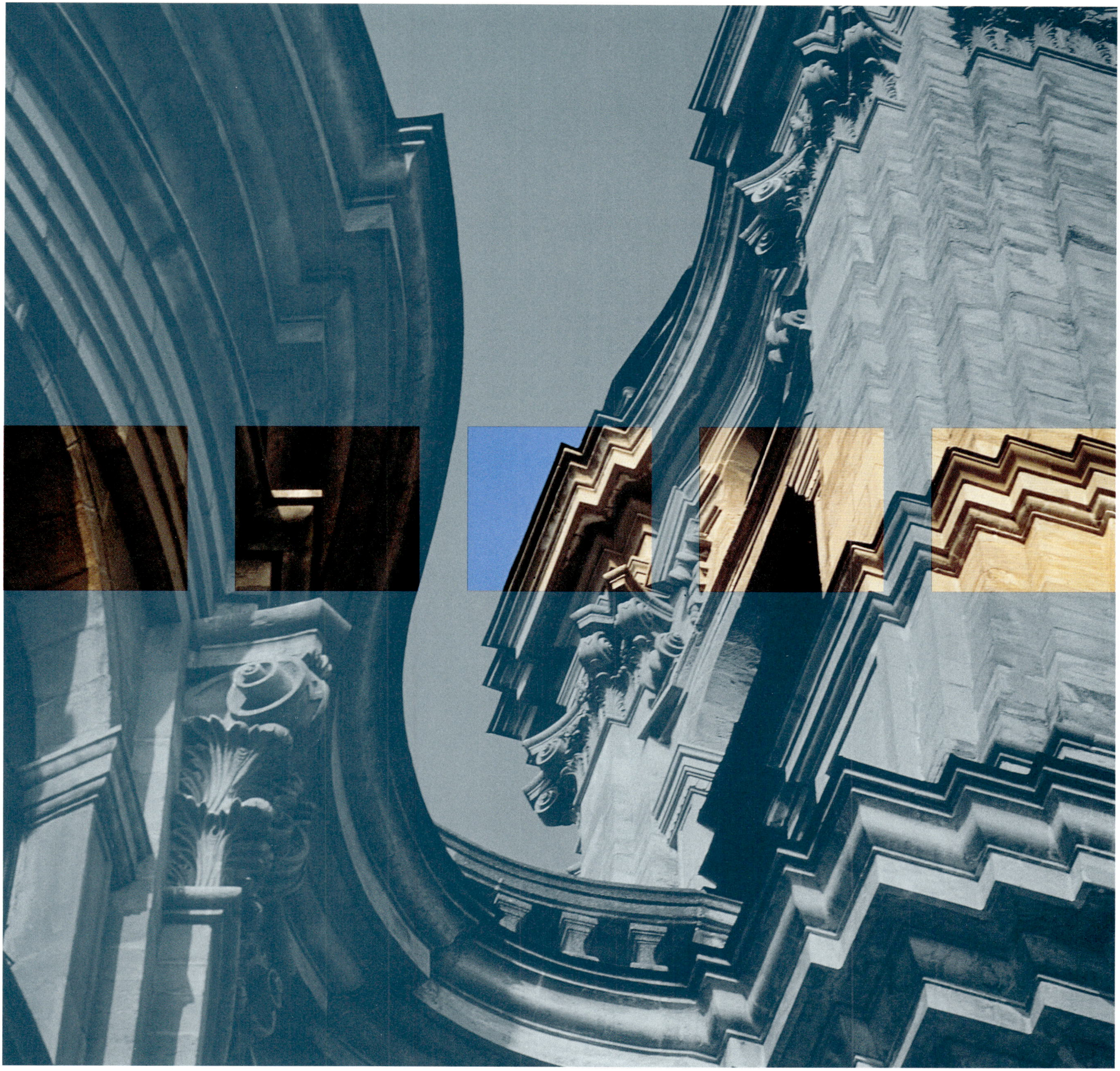

Detail und monumentale Größe:
Trotz gewaltiger Ausmaße dominiert im Innern der Basilika barocke Leichtigkeit, unterstützt durch die prächtige Ausstattung mit Fresken und Stukkaturen.

Detail on a monumental scale: despite its vast dimensions, the interior of the basilica is dominated by the lightness of the baroque style with its magnificent frescos and stucco work.

Détail et grandeur monumentale: malgré ses dimensions royales, l'intérieur de la basilique baroque dégage une certaine légèreté soutenue par de magnifiques fresques et du stuc.

Dettagli e grandiosità: Nonostante le enormi dimensioni all'interno della Basilica domina la leggerezza barocca, ornata con splendidi affreschi e stucchi.

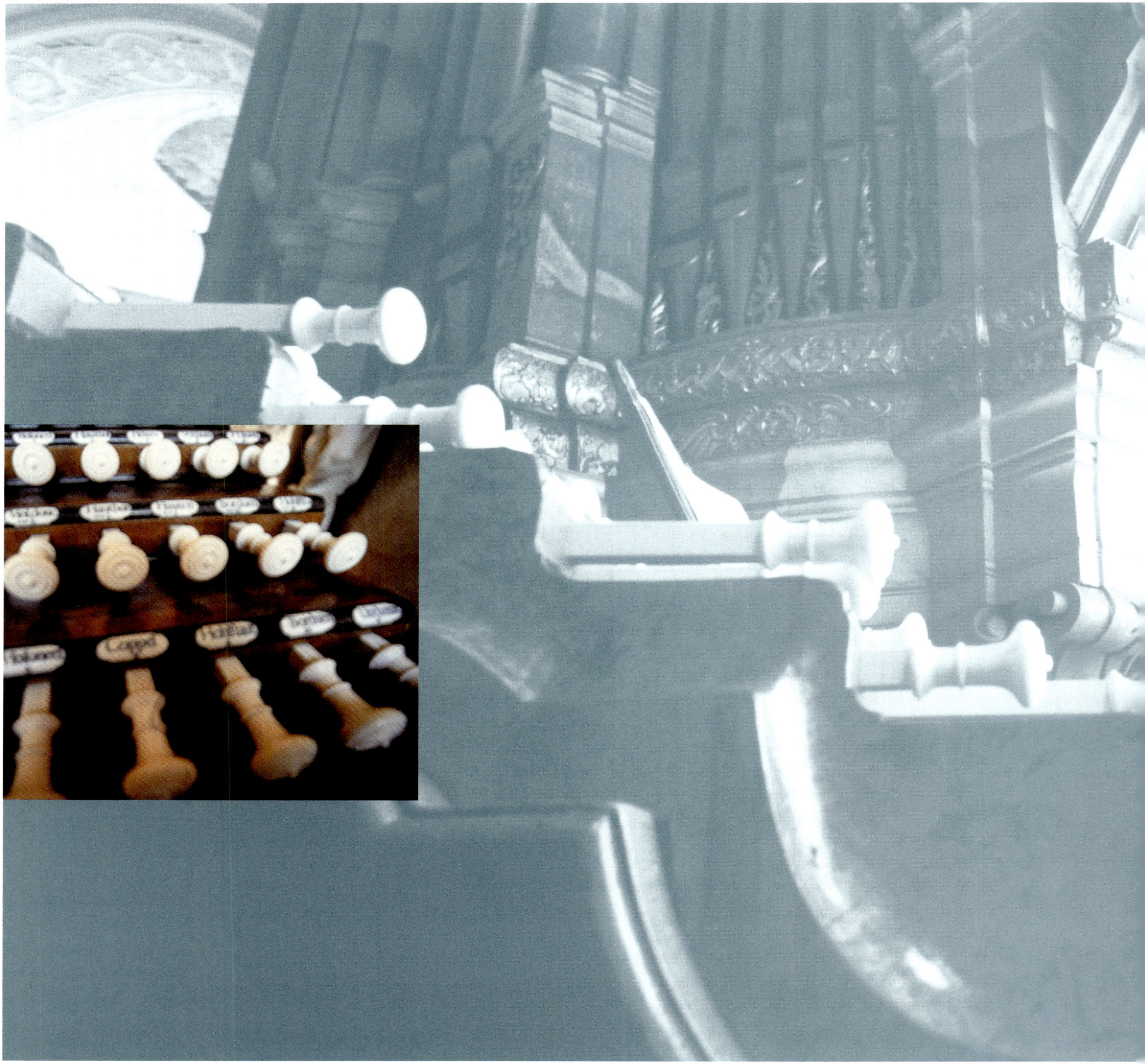

Vox humana: Die berühmte Orgel Josef Gablers (6666 Pfeifen) ertönt nicht nur zum Gottesdienst, sondern auch bei bedeutenden Konzerten in der Basilika.

Vox humana: the famous Josef Gabler organ with its 6666 pipes is not only used for services but also for the famous concerts held in the basilica.

Vox humana: les grandes orgues bien connus de Josef Gabler (6666 tuyaux d'orgues) dans la basilique ne retentissent non seulement pendant les offices religieux mais également lors de concerts importants.

Vox humana: L'organo famoso di Josef Gabler (6666 canne) non suona soltanto durante la celebrazione della messa, ma anche durante i grandi concerti eseguiti nella Basilica.

Festliche Liturgie: Im Chorgestühl von Joseph Anton Feuchtmayer versammeln sich die Patres des Benediktinerordens zum Gebet und Gesang.

Solemn liturgy: the fathers of the Benedictine order gather for prayer and song in the choir stalls built by Joseph Anton Feuchtmayer.

Liturgie solennelle: les moines de l'ordre de Saint Benoît se rassemblent pour prier et chanter dans les stalles de Joseph Anton Feuchtmayer.

Liturgia festiva: Negli stalli del coro di Joseph Anton Feuchtmayer i padri dell'ordine dei benedettini si riuniscono per pregare e cantare.

Klösterliches Leben zwischen Stille und Weltzugewandtheit: Der spätgotische Kreuzgang gehört zu den eindrucksvollsten Architekturzeugnissen aus der vorbarocken Zeit.

A monastic life poised between contemplation and openness to the world: the late Gothic cloisters are one of the most impressive architectural relics of the pre-baroque period.

La vie monastique entre le silence et l'ouverture au monde: le cloître de style gothique flamboyant est une des œuvres d'art architecturales les plus impressionnantes de la période pré-baroque.

Vita monastica, d'una parte ritirata, d'altra parte propensa al mondo: Il chiostro tardogotico fa parte delle architetture più impressionanti del prebarocco.

Lichterprozession:
Am Vortag des Blutfreitags (Christi Himmelfahrt) ziehen bis zu zehntausend Pilger betend und singend von der Basilika durch die Straßen der Stadt zum Kreuzberg.

Procession of lights: On the eve of the procession of the Holy Blood relic (Ascension Day), up to 10,000 pilgrims wend their way through the streets of the town from the basilica to the Kreuzberg amid prayer and song.

Procession de lumières: le jour de l'Ascension, le jour avant le vendredi du Saint-Sang, jusqu'à 10.000 pèlerins se rendent priant et chantant de la basilique au Kreuzberg.

Processione con luci: Un giorno prima del „Venerdì del Sangue" (Ascensione di Gesù Cristo), fino ad 10.000 pellegrini camminano pregando e cantando dalla Basilica per le strade della Città verso il Kreuzberg (collina della croce).

CHRISTI BLUT UNSER HEIL
BLANDFORT

Der Blutfreitag beginnt in den frühen Morgenstunden mit der Übergabe der Heilig-Blut-Reliquie an den Heilig-Blut-Reiter, einen jeweils ausgewählten Mönch des Klosters, um den sich die Reiter in Frack und Zylinder auf prächtig geschirrten Pferden im äußeren Klosterhof versammeln.

The Holy Blood ceremony begins in the early hours of the Friday morning with the presentation of the Holy Blood relic to a specially appointed bearer from the monastery around whom the riders in top hats and tails gather on their magnificently harnessed horses.

Le vendredi du Saint Sang commence tôt dans la matinée dans la cour extérieure du monastère avec la remise de la relique au chevalier du Saint Sang, un moine du monastère, autour duquel se réunissent les chevaliers en frac et haut-de-forme.

Il „Blutfreitag“ (Venerdì del Sangue) comincia di primo mattino con la consegna della Reliquia del Sangue Sacro nelle mani del Cavaliere del Sangue Sacro, un monaco del monastero nominato appositamente. E' circondato nel cortile esterno del monastero dagli altri Cavalieri, tutti vestiti con frac e cilindro, e con cavalli decorati con finimenti a festa.

Die schon am Vortag angereisten Blutreiter finden in zahlreichen Unterkünften in und um die Stadt Weingarten alljährlich Quartier.

Riders arriving the previous day find accommodation every year in the numerous hotels and guesthouses in and around Weingarten.

Arrivés la veille, les chevaliers du Saint Sang sont hébergés dans les nombreux hôtels dans et autour de la ville de Weingarten.

I Cavalieri del Sangue Sacro arrivano già il giorno prima e ogni anno trovano ospitalità nei numerosi alloggi di Weingarten e dei suoi dintorni.

Die Reiter-Prozession zieht zunächst durch die Straßen der Stadt und danach in einem stundenlangen Umritt durch die Fluren des Schussentals.

The procession passes through the streets of the town before embarking on an hour-long ride through the open fields of the Schussen valley.

La procession du Saint Sang passe d'abord par les rues de la ville pour ensuite faire le tour des champs de la vallée du Schussen, ce qui peut durer plusieurs heures.

La processione dei Cavalieri passa prima per le strade della città, e poi per molte ore attraverso la valle del fiume Schussen.

Begleitet von zahlreichen Musikkapellen und gesäumt von tausenden Gläubigen und Schaulustigen ist der alljährliche Blutritt ein kirchliches wie gesellschaftliches Ereignis ersten Ranges.

Accompanied by numerous bands and watched by thousands of believers and onlookers, the annual Holy Blood procession is a major event in both the ecclesiastical and social calendar.

Accompagné de nombreux orchestres et bordé de milliers de croyants et de badauds, le défilé des chevaliers du Saint Sang est la fête populaire par excellence.

Accompagnata da bande e fiancheggiata da migliaia di fedeli e curiosi, la Processione dei Cavalieri del Sangue Sacro è ogni anno un avvenimento religioso e sociale di prima categoria.

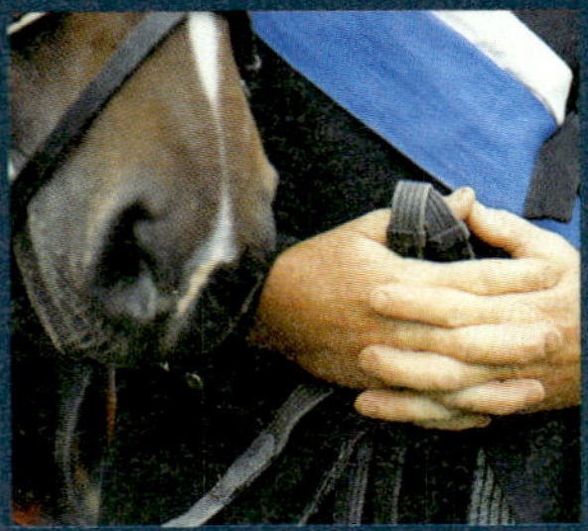

Lebendige kirchliche Tradition in moderner Zeit: Auch Wind und Wetter können der Begeisterung der alljährlich etwa 3.000 teilnehmenden Blutreiter nichts anhaben. Im Gegenteil: Die weltgrößte Reiterprozession hat über die Jahrhunderte nichts an Faszination verloren.

Living religous tradition in modern times: not even the wind and rain can dampen the spirits of the 3,000 or so riders who participate every year in this, the biggest mounted procession in the world. On the contrary, the ceremony has lost none of its fascination over the centuries.

Une tradition religieuse vivante dans les temps modernes: les quelques 3.000 chevaliers du Saint Sang défilent devant des milliers de spectateurs et cela par tous les temps. La procession du Saint Sang - le défilé du genre le plus grand du monde - n'a rien perdu de sa fascination et cela depuis les siècles.

Viva tradizione religiosa nei tempi moderni: Con fiero entusiasmo i ca. 3.000 Cavalieri del Sangue Sacro partecipano ogni anno e con ogni tempo alla processione. Anzi: Per secoli la più grande processione di cavalieri del mondo non ha perso niente del suo fascino.

BRUDER KLAUS
1974
WINTERSTETTENDORF

Auch die weiteren kirchlichen Feste, wie hier die Fronleichnamsprozession, werden unter reger Anteilnahme der Pfarrgemeinden begangen.

Other religious festivals, such as the Corpus Christi procession shown here, are also celebrated with similar enthusiasm by the local community.

Les autres fêtes religieuses telle que la procession de la Fête-Dieu sont également célébrées avec ferveur par les citoyens des différentes paroisses.

Anche alle altre feste religiose, come qui la Processione del Corpus Domini, le parrocchie partecipano attivamente.

Konditor

Kirche und Leben: Im Zuge des ökumenischen Gedankens öffnen sich katholische wie protestantische Pfarrgemeinden den modernen Lebensbedürfnissen ihrer Mitglieder.

Church and life: in the wake of the ecumenical movement, both Catholic and Protestant parishes are becoming increasingly responsive to the modern-day needs of their members.

L'église et la vie: en vue de promouvoir le mouvement œcuménique, les paroisses catholiques et protestantes s'ouvrent de plus en plus aux besoins modernes de ses membres.

Chiesa e vita: Con lo sviluppo del concetto ecumenico le parrocchie cattoliche e protestanti si aprono ai bisogni della vita moderna dei loro membri.

1
2
3
4
5
6
7
8
9
10
11

Moderner Wirtschaftsstandort

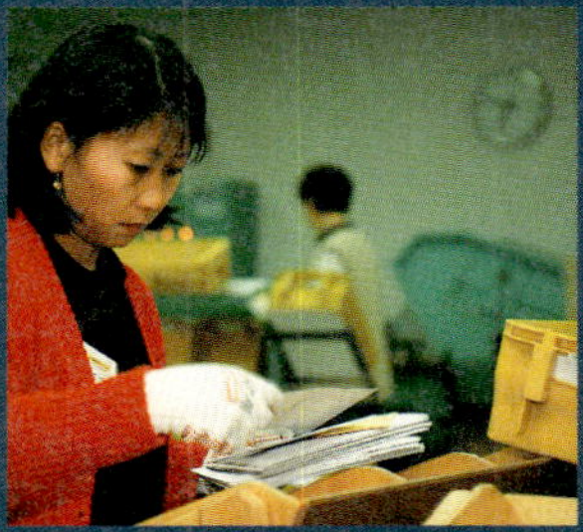

Wirtschaftliche Vielfalt: Vom industriellen Großbetrieb bis zum Kleinhandwerk, von der hoch automatisierten Spezialfertigung bis zum überregionalen Dienstleister reicht die Spannbreite an Betrieben.

Economic diversity: the spectrum ranges from large-scale industrial plants to small craft establishments, from highly automated, specialised production to transregional service providers.

Diversité économique: depuis les grandes entreprises jusqu'aux petits métiers, depuis la fabrication spéciale automatisée jusqu'aux prestataires de service interrégionaux, tout l'éventail des entreprises y est représenté.

Diversità economica: Dalla grande impresa al piccolo artigiano, dalla produzione altamente automatizzata e specializzata alla prestazione di servizi inter regionali.

Moderner Wirtschaftsstandort

Als Klosterflecken über Jahrhunderte an eigener wirtschaftlicher Entwicklung gehindert, nahm Weingarten seit der zweiten Hälfte des 19. Jahrhunderts einen erstaunlichen Aufschwung im Zuge der Industrialisierung. Mit der Verkehrsanbindung durch Straße und Schiene zwischen Ulm und Bodensee waren die wichtigsten Voraussetzungen geschaffen, in deren Gefolge sich mehr und mehr produzierende Gewerbebetriebe im Stadtgebiet ansiedelten: Sägewerke, Mühlen und Spinnereien konnten die reichlich vorhandene Wasserkraft als Energiequelle nutzen.

Folgenreich war vor allem die Errichtung einer Fabrikation von ursprünglich Stickmaschinen und Blechscheren durch die Familie Schatz im vergangenen Jahrhundert, die sich nach der Umstellung auf Großpressen für den Karosseriebau seit dem frühen zwanzigsten Jahrhundert zu einem weltweit führenden Unternehmen der Branche entwickelte und fortan Gesicht und Leben der Stadt nachhaltig prägte.

Die ehemalige Maschinenfabrik Weingarten, heute „Müller Weingarten" ist nach wie vor der größte Arbeitgeber der Stadt und hat nicht nur technische, sondern auch arbeits- und sozialpolitische Maßstäbe gesetzt.

Neben diesem einzigen wirklichen Großbetrieb haben sich in der Nachkriegszeit zahlreiche Klein- und Mittelbetriebe niedergelassen. Dabei lag die Investitionsgüterindustrie lange Zeit bei weitem an der Spitze und unter dieser wiederum die Branchen Maschinenbau und Elektroindustrie.

Bedeutsam für die moderne Standortentwicklung der letzten Jahrzehnte war die rasche Ausdehnung und Bereitstellung von Industriegelände mit notwendiger Infrastruktur besonders seit den siebziger Jahren. Die neuen Gewerbegebiete Bechters, Stadtesch, Trauben, Welte halfen nicht nur bestehende Betriebe aus den stadtinneren Wohngebieten zu verlegen und damit die Qualität der Innenstadt insgesamt zu verbessern, sie boten vor allem auch ausreichend Möglichkeiten zur Ansiedlung neuer, zukunftsorientierter Firmen.

Unter den inzwischen nahezu zweihundert Handwerksbetrieben mit breiter Branchenpalette finden sich fast ausnahmslos die für Baden-Württemberg typischen kleineren Mittelbetriebe. Mit knapp 70 Prozent der Erwerbstätigen steht heute der sogenannte tertiäre Sektor eindeutig an der Spitze. Der Weg in die hochtechnisierte Dienstleistungsgesellschaft zeichnet sich auch in Weingarten ab. Neben dem Druckhaus Ulm-Oberschwaben, dem Briefverteilungszentrum der Bundespost sind dies auch Logistik-Zentren sowie Soft- und Hardware-Firmen.

Was sich heute auf der 1215 ha großen Gemarkung der Stadt an Dienstleistungs- und Gewerbebetrieben erfolgreich angesiedelt hat, kann sich sehen lassen. Siebzig Prozent Einwohnerzuwachs seit den frühen Fünfziger Jahren und ein sattes Polster an Gewerbesteuereinnahmen haben so manches stadtplanerische Projekt in der gut über Fünfundzwanzigtausend-Seelen-Gemeinde möglich gemacht.

Müller Weingarten

Kraft und Präzision: Die hier gefertigten Großpressen für den Karrosseriebau genießen weltweiten Ruf. Als größter Arbeitgeber trägt das Werk seit nahezu hundert Jahren zur wirtschaftlichen Prosperität der Stadt bei.

Power and precision: the industrial presses manufactured here enjoy an international reputation, particularly in the automotive engineering sector. As Weingarten's biggest employer, this factory has contributed to the economic prosperity of the town for nearly a hundred years.

Force et précision: les grandes presses fabriquées ici -principalement pour le secteur de la construction automobile - jouissent d'une réputation mondiale. En tant qu'employeur principal, Weingarten doit également sa prospérité économique à cette entreprise et cela depuis presque 100 ans.

Elevate prestazioni e precisione: Le grandi presse, prodotte soprattutto per la costruzione di carrozzerie, godono fama mondiale. L'impresa è il maggior datore di lavoro della città, e da quasi cento anni contribuisce quindi alla sua prosperità.

**Kaufen und Flanieren: Jeden Mittwoch herrscht auf dem Wochenmarkt vom Rathaus bis zum Löwenplatz geschäftiger Handel mit Frischwaren.
Ein beliebter Treffpunkt für die Bereicherung des Küchenzettels wie den Austausch von Neuigkeiten.**

A place to shop and stroll: on Wednesdays, the area between the town hall and Löwenplatz hosts a buzzing weekly market where fresh produce is sold. A popular meeting point for stocking up on provisions and exchanging news and gossip.

Courses et flâneries: le marché qui s'étend tous les mercredis depuis l'Hôtel de ville jusqu'au Löwenplatz est le rendez-vous par excellence pour faire des emplettes et pour prendre les dernières nouvelles.

Andare a spasso e comprare qualcosa: Sul mercato settimanale che ogni mercoledì si estende dal municipio (Rathaus) al Löwenplatz è possibile comprare la merce fresca. Il punto d'incontro preferito per arricchire la propria cucina e scambiare qualche novità.

Labor Gärtner

Das Institut für medizinische Mikrobiologie und klinische Chemie nimmt spezielle Laboranalysen und Untersuchungen für Institute und Ärzte im ganzen Bundesgebiet vor.

The Institute for Medical Microbiology and Clinical Chemistry conducts special laboratory analyses and research for institutes and physicians throughout Germany.

L'Institut de microbiologie médicale et de chimie clinique fait des analyses spéciales en laboratoire ainsi que des examens pour des instituts et médecins dans toute l'Allemagne.

L'istituto di microbiologia medica e di chimica clinica esegue analisi di laboratorio ed esami speciali per istituti e medici di tutta la Germania.

Druckhaus Ulm-Oberschwaben

Die Geduld des Papiers: Hier werden täglich die Ausgaben der großen Regionalzeitungen gedruckt.

The patience of paper: this is where the daily editions of the major regional newspapers are printed.

La patience du papier: ici sont imprimées les éditions quotidiennes des grands journaux régionaux.

La carta è paziente: I grandi giornali regionali vengono stampati qui quotidianamente.

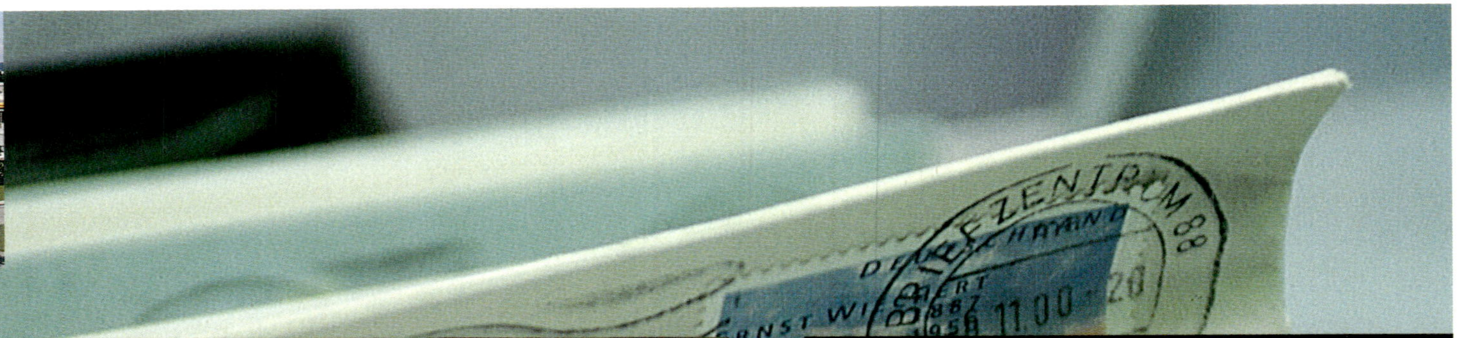

Fracht für die gelben Wagen: Im Briefverteilungszentrum läuft die gesamte regionale Post zusammen, um von hier aus in die Zustellbereiche im ganzen Bundesgebiet verteilt zu werden.

Cargo for the yellow vans: here at the sorting office, the entire regional post is sorted and dispatched in the distinctive yellow vans for distribution throughout Germany.

Chargement pour les camionnettes jaunes: c'est ici au centre de tri de la poste, que l'ensemble du courrier régional s'accumule pour être distribué dans toute l'Allemagne.

Il carico per i furgoni gialli: Tutta la posta della regione passa per il centro di distribuzione postale, per essere poi distribuita nei distretti postali dell'intero territorio nazionale.

Habisreutinger

Alles mit Holz: Das Sägewerk zählt zu den ältesten Unternehmen in Weingarten. Mit seinem modernen Holz- und Fachmarkt gehört es heute zur wichtigsten Anlaufstelle für Handwerk und Häuslebauer.

All in wood: this saw mill is one of the oldest businesses in Weingarten. With its modern timber and discount store, it has become the first port of call for craftsmen, home improvers and DIY enthusiasts.

Tout en bois: cette scierie est une des plus anciennes entreprises de Weingarten. Avec son vaste choix de bois, elle est de nos jours la première adresse pour les hommes du métier, les constructeurs de maisons et les bricoleurs.

Tutto di legno: La segheria è una delle imprese più vecchie di Weingarten. Il moderno locale di vendita specializzato è l'indirizzo più importante per gli artigiani ed i costruttori di case.

Einkaufen in Weingarten

Vom Münsterplatz über die Kirchstraße und Karlstraße bis zum Löwenplatz erstreckt sich die „Einkaufsmeile" Weingartens: Hier findet man bis in die Nebenstraßen zahlreiche Fachgeschäfte und Großmärkte, die Weingartens Ruf als Einkaufstadt begründen.

Extending from the Münsterplatz via the Kirchstraße and Karlstraße to the Löwenplatz, Weingarten's „shopping mile" offers numerous stores and speciality shops – some tucked away in side streets – giving the town a good reputation for shopping.

Le centre commercial de Weingarten s'étend depuis le Münsterplatz, en passant par la Kirchstraße et la Karlstraße jusqu'au Löwenplatz. Ici, dans les petites rues secondaires de la ville on trouve de nombreux magasins spécialisés et supermarchés qui justifient bien sa renommée de ville commerciale.

La zona pedonale di Weingarten si estende dal Münsterplatz (Piazza della Basilica), per la Kirchstraße e la Karlstraße fino al Löwenplatz: Qui si trovano, fin nelle strade laterali, numerosi negozi e supermercati che giustificano la buona fama di Weingarten come città del commercio.

TABAKWAREN-DEPOT
TABAKWAREN-DEPOT
Getränkemarkt
im 1. OG
FRICK
kerei
KLIER

Gaumenfreuden und Geselligkeit: In Restaurants und Hotels bieten sich kulinarische Freuden. Herzliche Gastlichkeit herrscht in den Straßencafés, Kneipen und Weinlokalen.

Good food and good company: Weingarten has no shortage of restaurants and hotels, and you can be sure of a warm welcome in its street cafes, pubs and wine bars.

Délices et convivialité: avec ses nombreux restaurants et hôtels, la ville de Weingarten sait gâter ceux qui savent apprécier la bonne cuisine. Et pour tous ceux qui aiment la convivialité, il y a les cafés, les bistrots et les bars à vins.

Cibi prelibati e piacevoli serate: I ristoranti e gli hotel offrono piaceri della cucina. Nei bar, nelle osterie e nelle trattorie gli ospiti sono accolti cordialmente.

Hornhaus
Eis café "VENEDIG"
Hotel Sonne
MARTIN'S
KLAUSE

1
2
3

4 Feste, Brauchtum, Geselligkeit

5
6
7
8
9
10
11

Coca-Cola

Feste, Brauchtum, Geselligkeit

Weingartens weltliche Feste sind eng mit der Geschichte Oberschwabens verwurzelt. Allen voran hält die schwäbisch-alamannische Fasnet eine Jahrhunderte alte Tradition lebendig. Die Weingartner Fasnet gehört mit ihrem Ungestüm, ihrer Widerborstigkeit und Derbheit, mit Karbatschenschnellen und Hemdglonkerumzug, mit „Moschtclub" und ausgelassenen Narrensprüngen zum originellsten, was die alemannische Straßenfasnet zu bieten hat. In der Dreistheit der Narren entlädt sich alljährlich in der „fünften Jahreszeit" der aufgestaute Frust des Alltagslebens in bissigem Spott und entwaffnender Offenheit. Der am gumpigen Donnerstag unter der begeisterten Teilnahme fröhlich aufgebrachter Bürgerscharen auf dem Münsterplatz aufgepflanzte Narrenbaum war immer auch gegen den ehemaligen Amtssitz der Landvogtei gerichtet, jene jahrhundertelange Institution österreichisch-kaiserlicher Herrschaft, die den Flecken Altdorf und seine Bewohner mit strengem Regiment in Abhängigkeit gehalten hatte. Trotz der vordergründigen medialen Spaßkultur unserer Zeit hat sich die alemannische Fasnet in Weingarten weitgehend ursprünglich erhalten und gehört mit ihren „Narrensprüngen" zu den Fasnets-Hochburgen Südwestdeutschlands.

Das Schüler- und Heimatfest ist ganz dem geselligen Beisammensein von Jung und Alt gewidmet. Was einmal um 1750 als Schulausflug begann, ist heute zu einem großen Volksfest geworden, das alljährlich zwei Wochen vor Beginn der Sommerferien die Stadt und ihre Bürger begeistert: Die Fahnenübergabe an die Schülertrommler, das Antrommeln der verschiedenen Trommlerkorps und des Fanfarenzugs bilden den Auftakt. Der bunte „Tag der Begegnung mit ausländischen Mitbürgern" auf dem Löwenplatz verleiht der Innenstadt mediterranes Flair, während am Heimatabend im Kultur- und Kongresszentrum Schüler, Vereine und Orchester ihr Können zeigen. Auf dem historischen und bunten Festzug durch die Straßen der Stadt lassen Schüler mit Kostümen und Festwagen die Stadtgeschichte lebendig werden, bestaunt von Tausenden Schaulustigen, die sich anschließend auf dem Festplatz mit Vergnügungspark und Bierzelt tummeln. In diesen Tagen herrschen Ausgelassenheit und Frohsinn, bis zum Abschluß ein großes Feuerwerk das Fest beschließt.

Ähnlich buntes Treiben verwandelt alljährlich am letzten Augustwochenende die Innenstadt in eine riesige Imbissbude: Beim Stadtfest arbeiten örtlicher Handel und die zahlreichen Vereine Hand in Hand, Musikkapellen wetteifern um die Gunst der sangesfrohen Zuhörer, im Getümmel von Floh- und Trödelmarkt, separatem Kinderflohmarkt, Oldtimer-Corso, Aufführungen und Wettbewerben aller Art platzt die Innenstadt fast aus allen Nähten. Bei guter Witterung nutzen die Bewohner der Stadt die willkommene Gelegenheit zu geselligem Beisammensein auf den sommerlichen Festen und genießen die Tummelplätze auf den Straßen wie die stimmungsvollen Abende in den zahlreichen Lokalen und Festsälen bei prächtiger Laune und Geselligkeit.

Im Oktober verwandelt der Kirchweihmarkt die Straßen von Weingarten zu einem Treffpunkt fahrender Händler aus ganz Deutschland, die in nimmermüden Anpreisungsversuchen die Kauflust der Menschenmenge anzustacheln versuchen. Der Duft von heißen Maronen und Zuckerwatte, gebrannten Mandeln und Magenbrot gehört hier ebenso dazu, wie auf dem Nikolausmarkt in der Vorweihnachtszeit die verführerischen Aromen von Lebkuchen, Zimt und Glühwein. In der heimeligen Stimmung von Kerzenschein und Lichterglitzern laden rund um den Löwenplatz Hütten und Stände von Vereinen und bürgerschaftlichen Initiativen zum gemütlichen Schwatz bei Schmalzbrot oder Waffeln ein, während der Bauernmarkt die regionalen Erzeugnisse feilbietet.

Zur guten demokratischen Tradition der Stadt gehört der Neujahrsempfang nach den Weihnachtstagen und dem Jahreswechsel, bei dem sich die Gelegenheit bietet zum Rückblick auf das vergangene Jahr und zum Ausblick auf das kommende.

Nach dem Auftritt der Stadtgarde zu Pferd auf dem Löwenplatz nutzt das Stadtoberhaupt beim anschließenden Empfang im Kultur- und Kongresszentrum die Gelegenheit vor großer regionaler Öffentlichkeit zum Rechenschaftsbericht über das abgelaufene Jahr.

After the mounted guard display on the Löwenplatz, the mayor takes the opportunity to present a report on the past year before a large regional public at a reception in the Culture and Congress Centre.

Après l'apparition de la garde à cheval sur le Löwenplatz, le maire présente le rapport d'activité de l'année écoulée devant un public régional à l'occasion d'une réception au Centre de la Culture et de Congrès.

Alla rappresentazione della guardia della città a cavallo sul Löwenplatz segue il ricevimento nel centro di cultura e congressi; il borgomastro coglie l'occasione per fare al grande pubblico regionale il resoconto sull'anno precedente.

Lauratalgeister und Plätzler

Masken als Spiegel der oberschwäbischen Seele: Die Vertreibung des Winters und der dunklen Gedanken durch frechen Witz und ungestüme Ausgelassenheit sind für Narren wie Zuschauer jedes Jahr ein turbulentes Schauspiel.

Masks as a mirror of the Swabian soul: the annual ceremony of driving out the winter gloom with irreverent clowning and boisterous revels is a vivid experience for participants and spectators alike.

Des masques en tant que miroir de l'âme souabe: la chasse de l'hiver et des esprits morbides par des bouffonneries et des blagues culottées continue à être un spectacle de première classe aussi bien pour les fous que pour les spectateurs.

Le maschere rispecchiano l'anima degli Oberschwaben (altisvevi): Cacciano via l'inverno ed i pensieri cupi con scherzi buffoneschi e sfrenata allegria, ogni anno uno spettacolo turbolento per i buffoni e gli spettatori.

Höhepunkt des „Gumpigen Donnstig" mit Fasnetsverkündung und Narrenbaumsetzen ist die Absetzung des Oberbürgermeisters und die Auslieferung der Stadtschlüssel an die Narren: Die Stadtoberen tragen´s mit sichtlicher Gelassenheit.

The climax of „Gumpigen Donnstig" – the Thursday on which the carnival is declared open and the „Narrenbaum" or fools' tree is erected – is the unseating of the mayor and the handing over of the municipal key to the fools, which is looked on with an indulgent eye by the town dignitaries.

L'apogée du „Gumpigen Donnstig" - le jeudi avant le carnaval - avec la déclaration d'ouverture du carnaval et l'érection du „Narrenbaum" - l'arbre des fous - est la destitution du maire et la remise des clés de l'Hôtel de ville aux fous que le conseil municipal considère d'un œil favorable.

Al „Gumpigen Donnstig" (giovedì delle donne), si annuncia l'inizio del carnevale, si installa l'albero dei buffoni e - colmo della giornata - si destituisce il borgomastro e si consegnono le chiavi della città ai buffoni: I capi della città lo sopportano con evidente pacatezza!

Saugatter und Rössletreiben: Am Rosenmontag werden auf der traditionellen Sitzung des „Mostclub" lästerliche Reden gehalten und Strafrunden im „Saugatter" verordnet. Widerspenstig gebärdet sich auch das „Generalsrössle" beim Umzug durch die Stadt (s. rechts).

Carnival rituals: on the day before Shrove Tuesday, a traditional meeting of the „Mostclub" (scrumpy club) is held, involving the ceremonial imprisonment of a figure of local importance in the „Saugatter" or wooden cage which is then paraded through the streets. The picture on the right shows the procession of the „Generalsrössle", a spectacle which involves the taming of a horse and pokes fun at the former military establishment.

Le lundi gras, lors de la réunion carnavalesque traditionnelle du „Mostclub", une personnalité bien connue est enfermée dans une cage en bois le „Saugatter" en guise de punition et promenée à travers la ville. Le „Generalsrössle" - une personne déguisée en cheval - se comporte de façon rétive pendant le défilé à travers la ville (voir à droite).

„Saugatter" (recinto del maiale) e „Rössletreiben" (condurre il cavallo): Il „Rosenmontag" (lunedì delle rose) si tengono discorsi oltraggiosi sulla seduta tradizionale del „Mostclub" (club del mosto), e si ordinano punizioni nel „Saugatter". Anche il „Generalsrössle" (cavallo del generale) si dimostra riluttante durante il corteo per la città. (v. a destra).

Narrensprung und Fasnetsvergraben

Alle Ausgelassenheit findet ihr betrauertes Ende: Nach den tollen Tagen nimmt die Narrengemeinde am Fasnetsdienstag beim „Fasnetsvergraben" Abschied – bis zum nächsten Jahr.

All good things must come to an end, and on Shrove Tuesday the carnival is symbolically „buried" for another year at the ceremony of the „Fasnetsvergraben".

À toute exubérance il y a une fin endeuillée: le mardi gras, la communauté des enterre le carnaval lors de la cérémonie funèbre du „Fasnetsvergraben".

Addio divertimento! Passate le giornate sfrenate il comune dei buffoni il martedì compiange la fine del carnevale con una festa d'addio chiamata „Fasnetsvergraben" -fino all'anno prossimo.

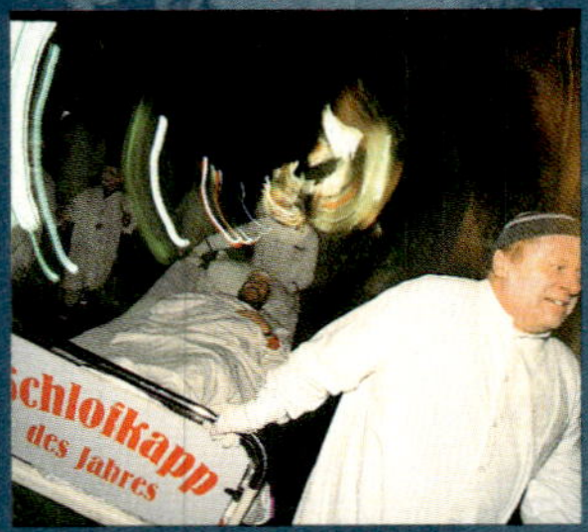

beerdigungs-
verein
GROSSMAUL

Schüler- und Heimatfest

Trommelwirbel und Fanfarenklänge eröffnen alljährlich zwei Wochen vor Beginn der Sommerferien die bunten Festtage.

The town's annual festival is officially opened two weeks before the beginning of the school summer holidays to the sound of drums and fanfares.

Au rythme des tambours et aux sons des fanfares la fête peut commencer. Celle-ci a lieu chaque année deux semaines avant le début des grandes vacances.

Due settimane prima delle ferie estive, al suono delle fanfare ed al rullo del tamburo, iniziano i giorni di festa.

Festzelte, Rummelplatz, historischer Festzug und ein buntes Rahmenprogramm verwandeln Weingarten alljährlich in ein heiteres Volksfest.

With marquees, funfair, historical procession and a varied programme of events, the summer festival offers something for everyone.

Chapiteaux, foire, défilé historique et un programme de variétés sont de mise à cette fête populaire, un des grands moments de l'été.

Ogni anno i tendoni di festa, il luna parc, le giostre, il corteo storico ed il programma svariato trasformano Weingarten in una serena festa popolare.

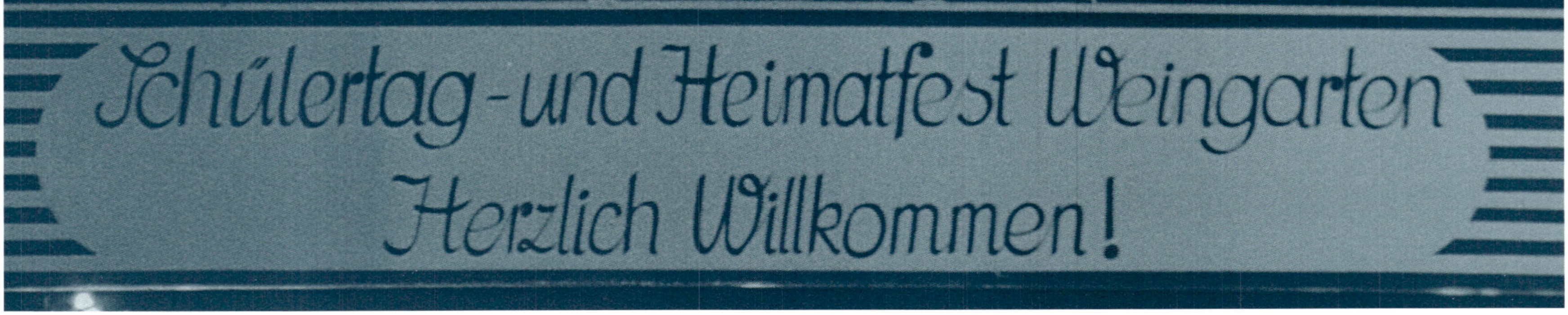

Dancing Queen

Des Volkes wahrer Himmel: Auf dem abendlichen Rummelplatz klingen die bunten Festtage mit einem großen Feuerwerk aus.

The people's true heaven: the colourful festivities are brought to a close with a spectacular firework display on the last evening.

Le véritable ciel du peuple: rien de tel pour terminer les jours de fête en beauté - le feu d'artifice sur le champ de foire.

Il vero cielo del popolo: I giorni di festa si concludono nel parco dei divertimenti con uno splendido spettacolo pirotecnico.

Stadtfest

Jeweils am letzten Wochenende im August feiert Weingarten sein Stadtfest. Im Zusammenwirken von Vereinen und örtlichem Handel wird die Innenstadt zum Schauplatz eines bunten Treibens.

On the last weekend of August it is the turn of the town festival: this time the town centre of Weingarten hosts a colourful programme of festivities with the support of various clubs and local traders.

Le dernier week-end du mois d'août, Weingarten fait la fête. Grâce à la bonne collaboration des différentes sociétés et commerçants locaux, le centre-ville s'anime pour célébrer cette fête avec ferveur.

Ogni anno all'ultimo fine di settimana d'agosto a Weingarten c'è la festa della città. Le associazioni ed i commercianti locali creano insieme uno spettacolo vivace e svariato nel centro della città.

DIE WILDEN KROKODILE
KOSMOS C 3000 CHEMIE

Jahrmarkt

Im Oktober ist Kirchweih: Verbunden mit einem Vergnügungsmarkt bieten fahrende Händler aus ganz Deutschland ihre Waren an.

October brings the kermis, where street vendors from all over Germany sell their wares amid the various fairground attractions.

En octobre c'est la fête patronale: entourés de carrousels et de différentes attractions, les commerçants mobiles venus de toute l'Allemagne prônent leurs marchandises.

Sagra in ottobre con fiera e luna parc: Commercianti ambulanti di tutte le parti della Germania offrono la loro merce.

Weinpflanzen

Mit dem Anlegen eines eigenen kleinen Rebgärtleins am Martinsberg ist Weingarten zu seiner Geschichte und der Herkunft des Stadtnamens zurückgekehrt.

In a gesture of identification with its past history and the origin of its name, the town of Weingarten has recently cultivated a small vineyard on the Martinsberg.

Avec l'aménagement d'un petit domaine viticole sur le Martinsberg, Weingarten est revenue à l'origine et l'histoire de son nom.

Con l'impianto di un piccolo vigneto sul Martinsberg, la città di Weingarten è ritornata alla propria storia ed all'origine del suo nome.

Martinstag

Der hl. Martin wird in Weingarten besonders verehrt. Auch heute noch finden alljährlich Martinsumzüge mit reger Beteiligung der Kinder statt.

Saint Martin has always been special to Weingarten, and the children of the town still take part enthusiastically in the annual St. Martin processions.

Saint Martin est particulièrement vénéré à Weingarten. De nos jours, le défilé de la Saint Martin continue à être une des fêtes préférées des tous petits.

San Martino è il santo particolarmente venerato a Weingarten. Ancora oggi si forma una processione all'anno, ed i bambini vi partecipano attivamente.

Nikolausmarkt

Zur Vorweihnachtszeit verwandelt sich die Innenstadt mit festlich geschmückten Straßen und Geschäften in einen stimmungsvollen Marktplatz für Köstlichkeiten und zahlreiche Attraktionen für Jung und Alt.

In the run-up to Christmas, the town centre gets into the seasonal spirit with its festively decorated streets and shops, offering all kinds of delicacies and attractions for young and old alike.

Pendant l'Avent, le centre-ville de Weingarten avec ses rues illuminées et ses magasins joliment décorés, se transforme en un vrai régal pour tous les sens - pour les jeunes et les moins jeunes.

La suggestiva atmosfera del periodo prenatalizio, con le strade ed i negozi del centro ornati a festa, invita a godere le squisitezze e le numerose attrazioni offerte per giovani e vecchi.

1
2
3
4
5
6
7
8
9
10
11

Schulen und Hochschulen

Schulen und Hochschulen

In guter Tradition der Geschichte des Benediktinerklosters, in dem Kunst, Kultur und wissenschaftliche Bildung schon immer gepflegt wurden, nennt sich Weingarten heute zurecht stolz „Hochschulstadt“: Mit der Pädagogischen Hochschule und der Fachhochschule Ravensburg-Weingarten, sowie weiteren Institutionen wie der Akademie der Diözese Rottenburg, dem Religionspädagogischen Institut und dem Staatlichen Seminar für Schulpädagogik hat sich in Weingarten ein ganzes Ensemble von hochkarätigen Bildungseinrichtungen versammelt.

Die Pädagogische Hochschule, hervorgegangen aus der Lehrerbildungsanstalt und dem früheren Pädagogischen Institut, gehört zu den 6 verbliebenen Pädagogischen Hochschulen in Baden-Württemberg. Mit ihren Studiengängen für das Lehramt an Grund- und Hauptschulen, sowie an Realschulen, dem Diplomstudiengang Erziehungswissenschaft mit verschiedenen Schwerpunkten gehört sie zu den größeren Lehrerbildungseinrichtungen des Landes. Die Seminarräume und Hörsäle liegen teilweise im barocken Schlossbau, dem nördlich an die Basilika anschließenden Klosterflügel, teilweise im neu errichteten Naturwissenschaftlichen Zentrum, dessen strenge Glasfassade in spannungsreichem Kontrast zu den barocken Formen des ehemaligen Fruchtkastens stehen, in dem heute die wissenschaftliche Bibliothek der PH untergebracht ist.

Die Fachhochschule Ravensburg-Weingarten mit dem Hauptgebäude im Töbele bietet einen nichttechnischen und sechs technische Studiengänge an, und ermöglicht nach achtsemestrigem Studium Abschlüsse zum Diplom-Ingenieur oder Diplom-Sozialarbeiter.

Die Akademie der Diözese Rottenburg-Stuttgart unterhält mit ihrem Tagungshaus in Weingarten eine überregional ausgerichtete Einrichtung, die dem argumentativen Dialog zwischen den verschiedenen Gruppierungen in Kirche und Gesellschaft dient: Expertengespräche, Seminare, offene Tagungen, Abendvorträge und Kunstausstellungen bilden ein vielfältiges Programm zur Diskussion und Fortbildung.

Insgesamt verbinden sich die verschiedenen Hochschulen und Institute, die Akademie, das Informatikzentrum und die Mensa zu einem vielgestaltigen Campus vom Martinsberg aus bis zum nordöstlichen Stadtrand, auf dem sich die Studierenden der unterschiedlichsten Studiengänge zwischen Seminarräumen und Wohnheimen zu einem anregenden Austausch begegnen können. Schon zahlenmäßig verleihen die Studenten der Stadt ein spürbares Profil und tragen zum kontrastreichen Ambiente bei.

Neben diesen Hochschulen bietet die Stadt mit Grund- und Hauptschulen, Realschule und Gymnasium, sowie dem Körperbehindertenzentrum ein Netz elementarer Bildungseinrichtungen, zu denen in der Erwachsenenbildung eine hervorragende Volkshochschule zählt.

Fruchtkasten

Geistige Nahrung:
Im ehemaligen Kornspeicher des Klosters ist heute die umfangreiche Bibliothek der Pädagogischen Hochschule untergebracht.

Feeding the mind: the former grain store of the monastery now houses the extensive library of the teachers' training college.

De la nourriture spirituelle: dans l'ancien entrepôt de grains du monastère se trouve aujourd'hui la grande bibliothèque de l'I.U.F.M.

Nutrimento dello spirito: Nel vecchio granario del monastero è sistemata oggi la biblioteca dell'istituto superiore di magistero.

Pädagogische Hochschule

Studieren für die Zukunft der Schule: Auf dem weitläufigen Campus der PH Weingarten werden in anregender Atmosphäre künftige Lehrer ausgebildet.

Training the next generation of teachers: the extensive campus of the teachers's training college offers students a stimulating atmosphere in which to learn their profession.

Pour garantir l'avenir de nos écoles: le vaste campus de l'I.U.F.M. de Weingarten, l'endroit idéal pour former nos futurs professeurs.

Studiare per il futuro della scuola: Gli insegnanti futuri studiano nell'ambiente favorevole dell'ampio Campus della PH di Weingarten.

Akademie der Diözese Rottenburg

Gastfreundliche Begegnung von Kirche und Welt: Mit Vorträgen, Tagungen und Ausstellungen orientiert sich die selbständige Einrichtung an den Leitideen eines ebenso offenen wie kritischen Dialogs zwischen den gesellschaftlichen Gruppen.

A forum for exchange between Church and outside world: through talks, conferences and exhibitions, this independent institution is based on the guiding principles of an open and critical dialogue between social groups.

Rencontre entre le monde ecclésiastique et le monde profane: avec des conférences, colloques et expositions, l'institut indépendant s'oriente aux idées mères d'un dialogue aussi bien ouvert que critique entre les différents groupes de la société.

Incontro ospitale fra chiesa e mondo: Con conferenze, congressi ed esposizioni l'istituto indipendente si orienta alle idee dominanti del dialogo tanto aperto quanto critico sviluppatosi fra i gruppi sociali.

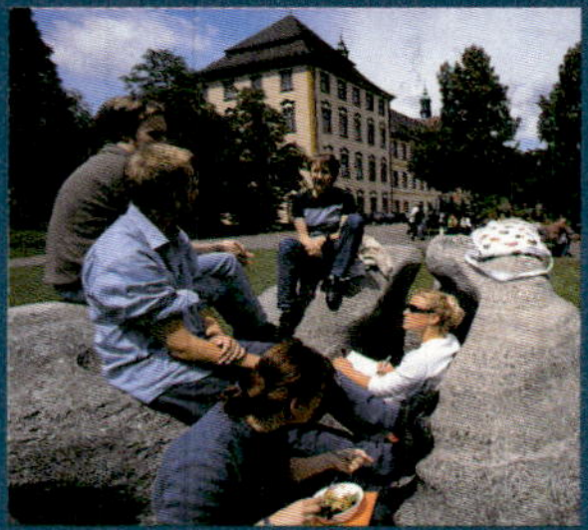

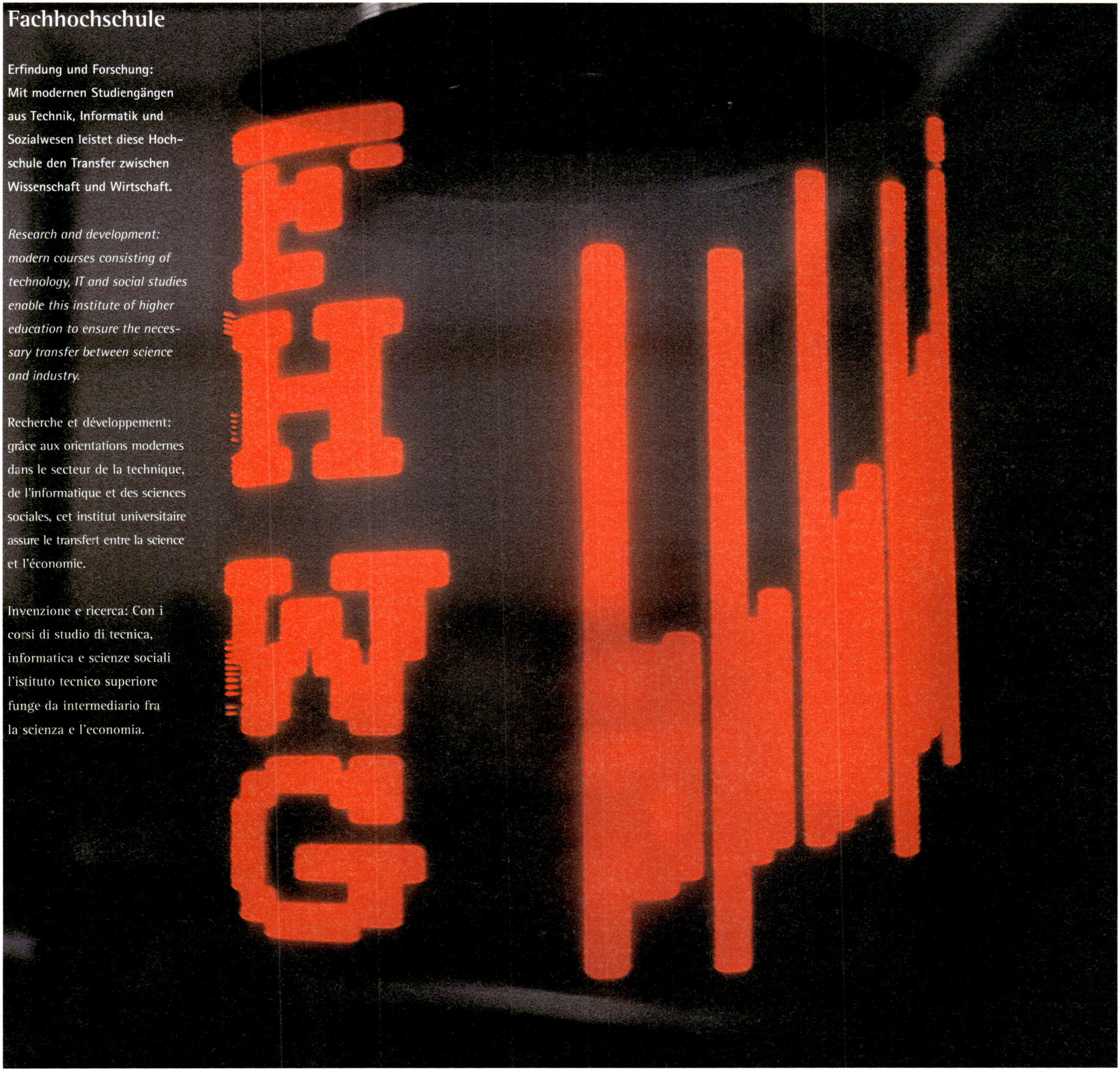

Fachhochschule

Erfindung und Forschung: Mit modernen Studiengängen aus Technik, Informatik und Sozialwesen leistet diese Hochschule den Transfer zwischen Wissenschaft und Wirtschaft.

Research and development: modern courses consisting of technology, IT and social studies enable this institute of higher education to ensure the necessary transfer between science and industry.

Recherche et développement: grâce aux orientations modernes dans le secteur de la technique, de l'informatique et des sciences sociales, cet institut universitaire assure le transfert entre la science et l'économie.

Invenzione e ricerca: Con i corsi di studio di tecnica, informatica e scienze sociali l'istituto tecnico superiore funge da intermediario fra la scienza e l'economia.

Kindergärten und Grundschulen

Kreativität und Lebensfreude: In den ersten Schuljahren haben Spiel und Spaß noch Vorrang vor Büffeln und Notenstress.

Creativity and boundless enthusiasm: discovery and play are more important than swotting for exams in the early school years.

Créativité et joie de vivre: pendant les premières années scolaires ce sont avant tout le jeu et le plaisir qui priment. Pas la moindre trace de „bosser“ ou de „notes“.

Creatività e gioia di vita: Nei primi anni scolastici sono più importanti i giochi e la gioia, non lo studio ed i voti stressanti.

Weiterführende Schulen

Lernen fürs Leben: Mit Hauptschulen, Realschule, Förderschule und Gymnasium bietet Weingarten seinem Nachwuchs ein breit gefächertes Angebot.

Learning for life: Weingarten's lower and intermediate secondary schools, remedial and grammar schools offer a wide range of possibilities for its younger citizens.

Apprendre pour la vie: avec ses écoles secondaires élémentaires, son collège, son école d'enseignement spécial et son lycée, la ville de Weingarten offre une vaste gamme d'options à la nouvelle génération d'élèves.

Imparare per la vita: Con le scuole medie inferiori, la scuola media superiore, la scuola differenziata ed il liceo, Weingarten offre ai suoi allievi vaste possibilità di scelta.

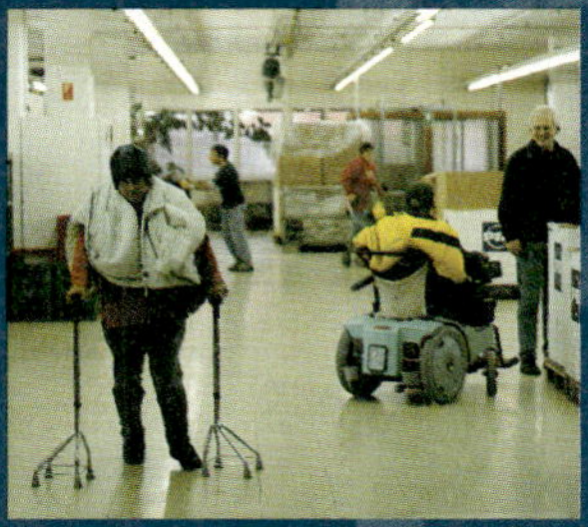

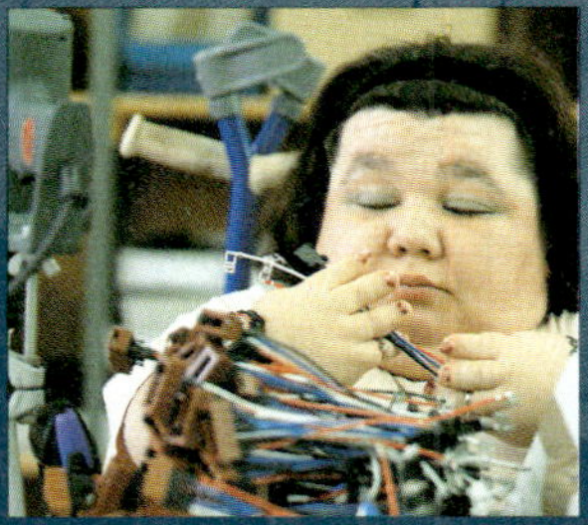

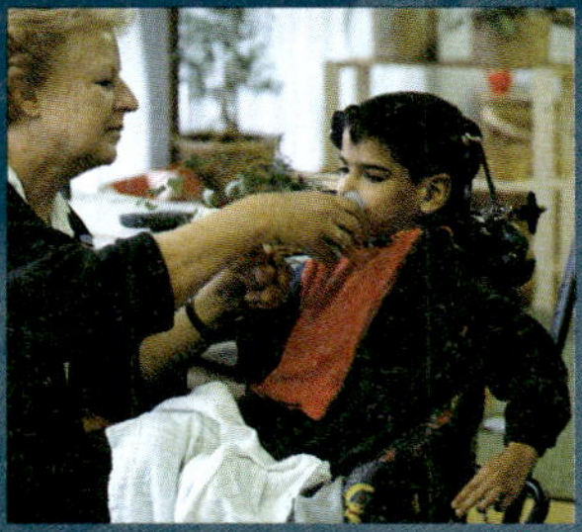

Körper-behinderten-zentrum

Geschick und Geschicklichkeit: Schulische Ausbildung und die Entwicklung künstlerischer wie handwerklicher Fähigkeiten stehen im Zentrum dieser überregional bedeutsamen Einrichtung.

Skill and dexterity: schooling and the development of artistic and manual skills are written large at this transregional institution.

Habilité et adresse: une formation scolaire ainsi que le développement d'habilités artisanales et artistiques sont le point de mire de cette institution interrégionale.

Attitudine ed abilità: La formazione scolastica e lo sviluppo di talenti artistici ed artigianali sono il compito principale a cui si dedica questo istituto famoso in tutta la regione.

1
2
3
4
5
6
7
8
9
10
11

Kultur und Kunst

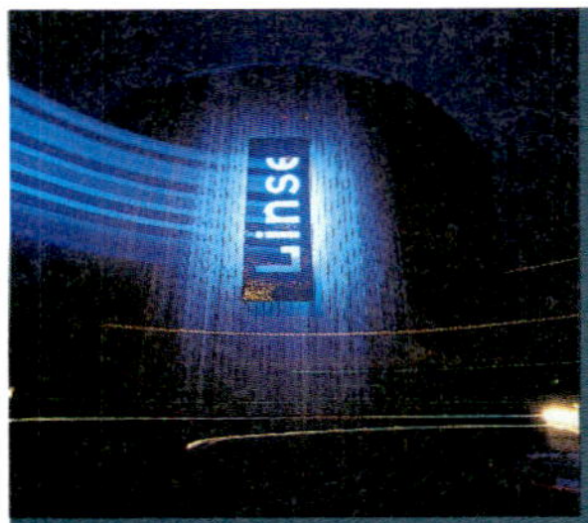

Kultur und Kunst

Kultur und Kunst prägen die Lebendigkeit einer Stadt. Kaum ein kommunaler Lebensbereich ist aber auch so sensibel, was die Akzeptanz und Teilnahme der Bevölkerung angeht. Weingarten geht hier einen eigenen Weg, der sich im Laufe der Jahrzehnte als erfolgreich erwiesen hat: Nicht teure, von oben verordnete Importkultur steht im Vordergrund; die Stadt fördert das Engagement zahlreicher Initiativen, Vereine und insbesondere den ehrenamtlichen Kulturausschuss. Auf diese Weise hat die Welfenstadt in den vergangenen Jahren ein beachtliches kulturelles und künstlerisches Profil gewonnen: Von den Weingartener Tagen der Neuen Musik, mit Gastspielen so berühmter Gegenwartskomponisten wie Karlheinz Stockhausen, Orgelkonzerten auf der einmaligen Gabler-Orgel in der Basilika, bis zu Kabarett und Kleinkunst im Kulturzentrum Linse, von Opernaufführungen und Konzerten im Kultur- und Kongress-Zentrum, der Kunst-Triennale, bis zur Literarischen Matinee in der Katholischen Akademie, vom kommunalen Programmkino bis zur provokanten Kunstaktion auf dem Martinsberg reicht die Spannbreite der vielfältigen Aktivitäten. Mit den Festspielen im Klostergarten wurde eine alte Tradition wiederbelebt, die von den großen Freilichtinszenierungen auf dem Münsterplatz bis zu barocken Theateraufführungen zurückreicht.

Einen Blick in die früheste Geschichte nicht nur der Stadt sondern der gesamten oberschwäbischen Region ermöglicht das Alamannenmuseum im Kornhaus, das größte deutsche Spezialmuseum für alamannische Geschichte und Kultur: Zwei Gräber mit den originalen Skelettfunden und kostbaren Beigaben stehen im Zentrum einer Grabungsinszenierung und vermitteln einen Eindruck vom Originalzustand der Alamannengräber. Gezeigt werden außerdem die kostbaren Beigaben der in den 50er-Jahren im Stadtgebiet freigelegten 801 Männer-, Frauen- und Kindergräber aus dem 5. bis 8. Jahrhundert.

Im neuen Stadtmuseum im „Schlössle" wird der Besucher durch die Geschichte der Stadt und des Klosters Weingarten geführt. Besonders interessant ist dabei eine Sammlung wertvoller Faksimiles zur mittelalterlichen Buchmalerei, u. a. das Berthold-Sakramentar, der Landgrafenpsalter und die Weingartner Liederhandschrift. Schwerpunkte der didaktisch hervorragenden Museumskonzeption sind die „Zeit der Welfen", Benediktinerkloster, Buchmalerei, Heilig-Blut-Verehrung, Bauernkrieg und Weingartener Vertrag, die Landvogtei Schwaben und die Entwicklung vom Flecken Altdorf zur Stadt Weingarten. Im „Schlössle", dem vorbildlich restaurierten Landrichtersitz aus dem 16. Jahrhundert, stehen auch weitere Räume für Veranstaltungen zur Verfügung, in denen Sonderausstellungen, Vorträge und Lesungen stattfinden.

Das Kulturzentrum „Linse", der „cineastische und soziokulturelle Tempel" für Weingarten und die Region gehört ebenso zum besonderen Kultur-Profil der Welfenstadt wie die aufgeschlossene Haltung gegenüber moderner Kunst im öffentlichen Raum. Hatten schon die Kunstaktionen der „Brodwolf-Klasse" rund um die historischen Gebäude auf dem Martinsberg für Aufsehen gesorgt, so stellen die beiden Großplastiken ein deutliches Bekenntnis zur Bereitschaft dar, sich mit moderner Kunst auseinanderzusetzen: Beide Plastiken sind Werke international anerkannter Künstler und ein Beispiel von zeitgemäßem Kunst-Sponsoring: In beiden Fällen haben große Weingartener Firmen den Ankauf der speziell für den Standort im Stadtgarten entwickelten Großplastiken erst möglich gemacht. Optischer Bezugspunkt der Plastiken ist jeweils die Westfassade der Basilika, wodurch sich ein lebendiger Dialog mit der historischen Architektur der Stadt ergibt.

Schlössle

Neben dem Museum zur Geschichte der Stadt und des Klosters Weingarten bietet das liebevoll renovierte „Schlössle" verschiedene Räume für literarische Lesungen, Vorträge, Ausstellungen und Konzerte; sommerliche Freilicht-Theateraufführungen im Schlösslepark ergänzen die vielseitige Nutzung des reizvollen Musentempels.

Besides housing museums devoted to the history of the town and monastery, the lovingly restored „Schlössle" is also equipped with rooms for literary recitals, lectures, exhibitions and concerts; in summer, open-air theatre performances in the grounds complete the wide range of uses of this delightful venue.

A côté du musée de l'histoire de la ville et du monastère de Weingarten, le „Schlössle" soigneusement restauré dispose de plusieurs salles pour des lectures, conférences, expositions et concerts. En été, des représentations théâtrales en plein air dans le parc du „Schlössle" parachèvent cet usage polyvalent tant apprécié.

Oltre al museo della storia della città ed al monastero di Weingarten, il „Schlössle", che è stato restaurato diligentemente offre sale diverse per letture, conferenze, esposizioni e concerti. Spettacoli estivi messi in scena all'aperto nel parco del „Schlössle" completano la vasta offerta dell'affascinante tempio delle muse.

Handwercks
Altdorff genannt
gebürtig, so
und sich solche
Wir also
1726

Alamannen-museum

Einblicke in die Vorgeschichte: Das größte deutsche Spezialmuseum für alamannische Geschichte und Kultur zeigt kostbare Grabbeigaben aus dem 5. bis 8. Jahrhundert.

An insight into prehistoric times: Germany's largest museum specialising in Alemannic history and culture displays precious burial objects from the 5th to the 8th century.

Témoins de la préhistoire: le plus grand musée allemand spécialisé dans l'histoire et la culture alémanique montre des offrandes funéraires du 5e au 8e siècle.

Preistoria impressionante: Il più grande museo tedesco specializzato in storia e cultura alemanna mostra preziosi oggetti (suppellettili) del 5. - 8. secolo.

Reiter der führenden Kriegerschicht
Wohlhabende Frau der Oberschicht

Kunst und Kultur auf dem Martinsberg

Die Moderne im Ambiente des Barock: Mit regelmäßigen Ausstellungen zeitgenössicher Kunst in der Katholischen Akademie und der vielbeachteten Triennale oberschwäbischer Gegenwartskunst hat sich Weingarten als Kunststadt überregionalen Ruf erworben.

Modernism in baroque surroundings: Weingarten has acquired a transregional reputation as an artistic centre through regular displays of contemporary art in the Catholic academy and the much acclaimed triennial exhibition of Upper Swabian modern art.

Le modernisme dans l'ambiance du baroque: avec ses expositions régulières d'art contemporain dans l'Académie Catholique et sa triennale remarquable d'art contemporain de Haute-Souabe, Weingarten est connue comme ville d'art bien au-delà de ses limites.

Arte moderna presentata nell'ambiente barocco: Le esposizioni periodiche d'arte moderna nell'accademia cattolica e la considerata triennale d'arte moderna della provincia di Oberschwaben hanno conferito a Weingarten una fama come di città d'arte.

Katholische Akademie

Dialog und Aufgeschlossenheit: Gegenwartskunst und Literatur leben auch von Vermittlern und Interpreten, die der kulturellen Szene Weingartens seit Jahrzehnten verbunden sind.

Communication and open-mindedness: contemporary art and literature also depend on the mediators and interpreters who have shown decades of commitment to Weingarten's cultural scene.

Dialogue et ouverture d'esprit: l'art contemporain et la littérature vivent aussi de médiateurs et d'interprètes qui font partie du milieu culturel de Weingarten depuis des décennies.

Dialogo e ricettività: L'arte moderna e la letteratura vivono degli intermediari ed interpreti, che da decenni s'impegnano nella vita culturale di Weingarten.

Städtische Galerie im Kornhaus

Ausstellungen als Chance zur Begegnung: Mitten in der Innenstadt besteht die Möglichkeit zur Beschäftigung mit regionaler und überregionaler Kunst.

Public access through exhibitions: town centre venues offer the opportunity to view regional and national works of art.

Des expositions comme point de rencontre: le centre-ville offre de nombreuses possibilités pour se pencher sur l'art régional et interrégional.

Esposizioni facilitano l'incontro: In mezzo al centro c'è la possibilità di occuparsi con l'arte regionale e sopraregionale.

Kultur- und Kongresszentrum

Opernchöre und Solisten: Mit seinen multifunktionalen Sälen präsentiert sich hier Oberschwabens bedeutendste Adresse für kulturelle Großveranstaltungen.

From opera choruses to soloists: this multifunctional complex is the number-one venue for major cultural events in Upper Swabia.

Chorales et solistes: quasi toutes les grandes manifestations culturelles se déroulent dans ces salles polyvalentes.

Cori dell'opera e solisti: Con le sue sale multifunzionali è l'indirizzo più importante della provincia di Oberschwaben per grandi avvenimenti culturali.

Musik auf dem Martinsberg

Außergewöhnliche Klangereignisse: Kammermusik im Ambiente des Audienzsaals, Karlheinz Stockhausen in der Aula der PH, Orgelmusik, Konzerte und Oratorien in der Basilika.

Extraordinary sound experiences: chamber music with auditorium acoustics, Karlheinz Stockhausen in the assembly hall of the teachers' training college, organ recitals, concerts and oratorios in the basilica.

Evénements avec des sons extraordinaires: de la musique de chambre dans la salle d'audience; Karlheinz Stockhausen dans la salle de fêtes de l'I.U.F.M. Musique d'orgue, concerts et oratoires dans la basilique.

Eventi con suoni straordinari: Musica da camera nell'ambiente della sala delle udienze, Karlheinz Stockhausen nell'aula dell'istituto superiore di magistero PH, Musica per organo, concerti ed oratori nella Basilica.

Linse

Kulturzentrum Linse

Kleinkunst und Kino: Das sozio-kulturelle Zentrum ist ambitionierter Cineastentreff, profilierte Kleinkunstbühne und beliebter Treffpunkt für Studenten und Einheimische.

Cabaret and cinema: the socio-cultural centre is a must for cinema buffs as well as being a cabaret venue of repute and a favourite haunt of students and locals.

Cabaret, petits spectacles et cinéma: le centre socio-culturel est le lieu de rencontre favori des étudiants et passionnés du genre.

Cabaret e cinema: il centro socioculturale è il punto d'incontro non solo degli amanti ambizionati dell'cinema, ma anche per studenti e nativi, e comprende inoltre un profilato teatro cabaret.

Der „Stamm“ von Rudolf Wachter

Schon seine Bearbeitung und Aufstellung im Stadtgarten wurden zum gesellschaftlichen Ereignis: Ein Beispiel für die kritische Aufgeschlossenheit der Weingartner Bürger gegenüber moderner Kunst im öffentlichen Raum.

The production of this work and its installation in the municipal park was a social event in itself, reflecting the critical receptivity of the citizens of Weingarten to contemporary art in the public domain.

Son érection dans le „Stadtgarten“ fut un événement social: un exemple typique de l'ouverture d'esprit critique des citoyens de Weingarten pour ce qui est de l'art contemporain en plein air.

Già la sua lavorazione e l'installazione nei giardini pubblici era un avvenimento sociale: Questo è un esempio per la mente aperta e critica dei cittadini di Weingarten nei confronti dell'arte moderna installata nello spazio pubblico.

Stahlplastik von Robert Schad

Aug in Aug mit der Moderne: Der Künstler bei der Herstellung seiner beeindruckenden Plastik in der Halle von Müller Weingarten. Sie bildet den zweiten künstlerischen Fixpunkt im Stadtgarten.

Face to face with modernism: the artist at work on his impressive sculpture on the shop floor of Müller Weingarten. This work forms the second artistic reference point in the municipal park.

Face à face au modernisme: l'artiste en train de façonner sa sculpture dans le hangar de l'entreprise Müller Weingarten. Cette sculpture est le deuxième point fixe artistique dans le Stadtgarten.

Di fronte all'arte moderna: L'artista nella realizzazione di una plastica impressionante nella sala dell'impresa Müller Weingarten che forma il secondo punto fisso d'arte nei giardini pubblici.

Festspiele im Klostergarten

Sommernachtstheater im Klostergarten: Die erfolgreiche Aufführung des „Jedermann" war der Auftakt zu künftig alljährlichen Freilichtinszenierungen.

Open-air theatre in the monastery grounds: this successful performance of „Everyman" marked the beginning of what is to be a regular summer event.

Représentations théâtrales estivales dans les jardins du monastère: la mise en scène de la pièce „Jedermann" - tout un chacun - constitua le point de départ des mises en scène annuelles en plein air.

Teatro nella notte estiva messo in scena nel giardino del monastero: La presentazione piena di successi dello spettacolo „Jedermann" (Ognuno) era solo l'inizio di future messe in scena all'aperto.

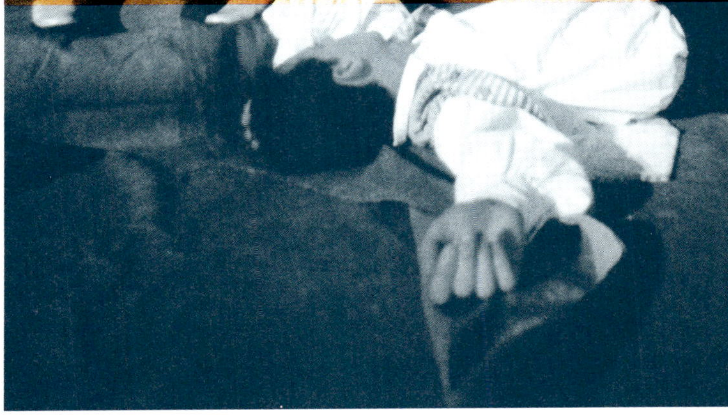

1
2
3
4
5
6
7
8
9
10
11

Gesellschaftliches Miteinander

Gesellschaftliches Miteinander

Die Lebensqualität einer Stadt bemisst sich auch daran, wie verschiedene gesellschaftliche und ethnische Gruppen miteinander umgehen. In Weingarten hat man begriffen, dass der beste Weg zum Miteinander erst einmal über die gelungene Selbstfindung und -artikulation führt: Mit dem Haus am Mühlbach und dem Jugendhaus, dem Jugendgemeinderat, den Altennachmittagen und seniorengerechten Wohnanlagen bieten sich in der Stadt zahlreiche Möglichkeiten zu geselligen Treffen, gemeinsamen Aktivitäten und dem Erfahrungsaustausch.

Eine vorbildliche Einrichtung ist der Jugendgemeinderat, mit dem in Weingarten schon früh das Interesse der Jugendlichen an ihrer Stadt geweckt und gefördert wurde: Bereits 1979 gab es Fragestunden für Jugendliche in den Gemeinderatssitzungen. Um die Jugendlichen enger in die Kommunalpolitik einzubeziehen, wurde 1985 – im Internationalen Jahr der Jugend – der erste Jugendgemeinderat in Weingarten gewählt, was auch über die Stadt- und Landesgrenzen hinaus Interesse und Nachahmung bei anderen Städten gefunden hat und weiterhin findet.

Großen Anteil am spürbaren Engagement der Jugendlichen hat die Akzeptanz ihrer Arbeit bei den Erwachsenen. Ob es thematisch um Verkehrsfragen, kommunale Projekte, Umweltschutz oder Sport und Freizeit geht: Der Jugendgemeinderat setzt sich kritisch mit den Sachthemen auseinander und versucht erfolgreich durch Mitbestimmung die Belange der Jugend in der Kommunalpolitik zu vertreten.

Mit dem „Haus am Mühlbach" besitzt Weingarten eine Vorzeigeeinrichtung bürgerschaftlichen Engagements, die landesweit Beachtung gefunden hat. (Bilder dieser Seite) Die von der Stadt getragene Begnungsstätte für Ältere und Junggebliebene hat sich zum Ziel gesetzt, die Geselligkeit zu pflegen, die geistige und körperliche Vitalität zu fördern und Selbstständigkeit und eigenes Wohnen bis ins hohe Alter zu bewahren. Sportliche Aktivitäten wie Radfahren, Boccia und Kegeln stehen genauso auf dem Programm wie künstlerische und musikalische Themen, Handarbeit, Bildung, selbst eine eigene Hauszeitung. Beispielhaft ist auch, dass sich das „Haus am Mühlbach" ohne hauptamtliches Personal ausschließlich selbst verwaltet und bei der Finanzierung den städtischen Haushalt sogar schon mit Spenden entlastet hat. Kein Wunder also, dass die Einrichtung vom Land Baden-Württemberg bereits eine Auszeichnung erhalten hat.

Die ausländischen Mitbürger, die inzwischen etwa zehn Prozent der Bevölkerung ausmachen, haben sich schon früh zu Vereinen zusammengefunden. Am alljährlichen Tag der Begegnung während des Schüler- und Heimatfestes stehen die ausländischen Mitbürger im Zentrum des Interesses: Mit folkloristischen Vorführungen, Tänzen und landestypischen Speisen geben sie der oberschwäbischen Heimatstadt das Flair europäischer Weltoffenheit und tragen so ein gutes Stück zum gesellschaftlichen Miteinander bei.

Stille Beobachter der Fun-Kultur: Im gleichberechtigten Nebeneinander unterschiedlichster Lebensformen gedeiht wie von selbst Toleranz.

Discrete observers of fun culture: tolerance follows automatically when different lifestyles are allowed to coexist on equal terms

Observateurs discrets de la culture Fun: là où la coexistence de différents modes de vie est acceptée, la tolérance va de soi.

Osservatori taciti della cultura-fun: Se sono accettati i più diversi stili di vivere, la tolleranza cresce spontaneamente.

Kommunalpolitik für Jung und Alt: Weil seine Arbeit ernst genommen wird, ist der Jugendgemeinderat das beste Übungsfeld für Demokratie.

Local politics for all ages: because its work is taken seriously, the youth council provides the ideal training ground for democracy.

Politique communale pour les jeunes et les moins jeunes: le travail du conseil municipal des jeunes est pris au sérieux. Y a-t-il un meilleur moyen pour apprendre ce qu'est la démocratie?

Politica comunale per i giovani ed i vecchi: Visto che il lavoro del Consiglio Comunale dei Giovani è preso sul serio, i giovani vi hanno trovato un buon campo per esercitare la democrazia.

Erfahrung und Engagement: Auch die Senioren nehmen regen Anteil an den Belangen der Stadt.

Experience and dedication: the older members of the population take an equally active interest in the affairs of the town.

Expérience et engagement: les personnes du 3ème âge défendent elles aussi activement leurs intérêts.

Esperienza ed impegno: Anche gli anziani prendono viva parte agli interessi della città.

Tag der Begegnung

Europa zuhause in der Welfenstadt: Die ausländischen Mitbürgerinnen und Mitbürger lassen an ihrem besonderen Festtag den ganzen Reichtum multikulturellen Miteinanders spüren.

Home to many nations: at their special festival, the foreign citizens of Weingarten give a vivid insight into the richness of multicultural life.

L'Europe chez-soi dans la cité des guelfes: les citoyens et citoyennes étrangers déploient toute la richesse de leurs cultures le jour de leur fête.

Europa a casa nella città dei guelfi: Alla loro particolare festa i cittadini stranieri mostrano tutta la ricchezza della convivenza multiculturale.

Aussiedler Sommerfest

Zuhause in der Welfenstadt: Seit dem 2. Weltkrieg haben Tausende, die als Flüchtlinge, Um- und Aussiedler nach Weingarten gekommen sind, hier ihre Heimat gefunden.

Feeling at home in Weingarten: since the Second World War, thousands of people who came to Weingarten as refugees, resettlers and emigrants have built a new life here.

Chez-soi dans la cité des guelfes: depuis la Deuxième Guerre Mondiale, des milliers de réfugiés, d'expatriés et d'émigrants sont venus s'installer à Weingarten et y ont trouvé une nouvelle patrie.

A casa nella città dei guelfi: A partire dalla 2a guerra mondiale migliaia di persone, che sono arrivati a Weingarten come rifugiati, sfollati ed evacuati hanno trovato qui una nuova patria.

1
2
3
4
5
6
7
8
9
10
11

Natur, Freizeit und Sport

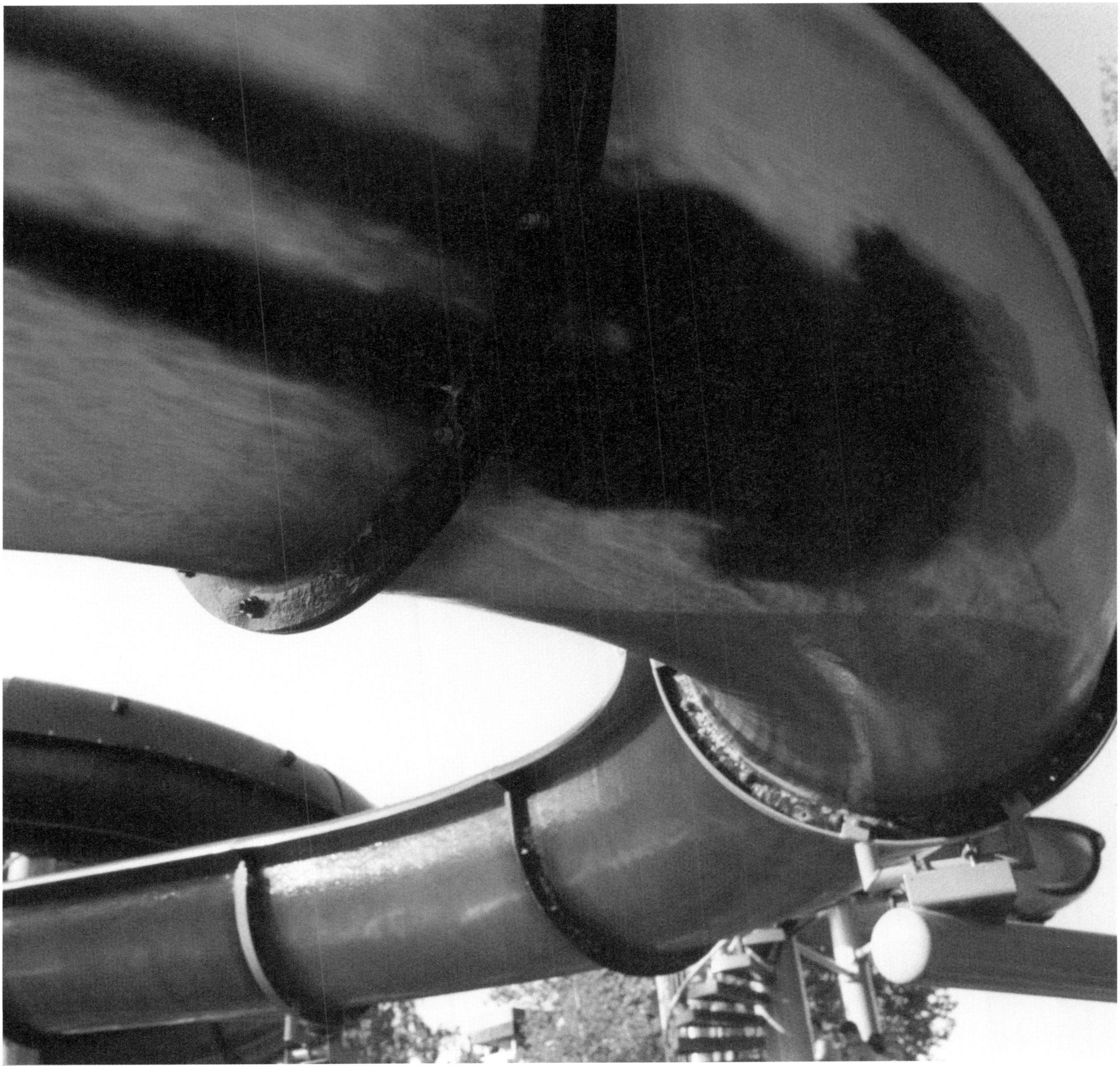

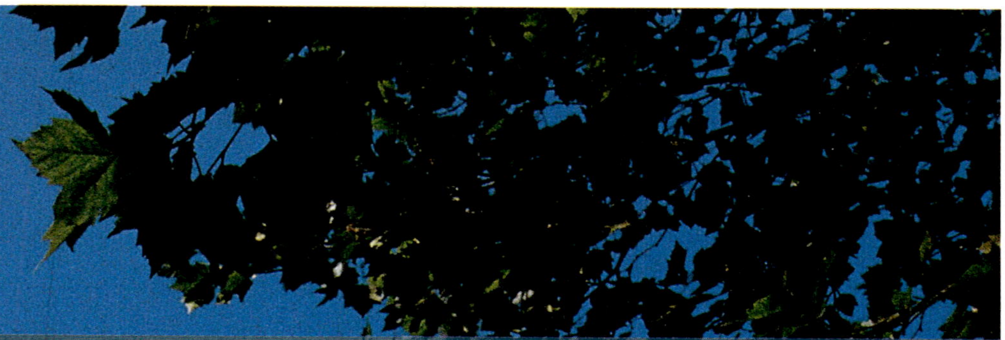

Natur, Freizeit und Sport

Begünstigt durch die landschaftlich reizvolle Lage Weingartens am Ostrand des Schussentals bietet die Stadt neben ihrer wirtschaftlichen und kulturellen Betriebsamkeit einen hohen Erholungswert: Von den Höhen eröffnen sich herrliche Blicke über das oberschwäbische Hügelland bis zur Alpenkette, vom Lauratal zur Anhöhe am „Lindele" hinauf ziehen sich zahlreiche Wanderwege durch ausgedehnte Waldgebiete, entlang von Bächen und Weihern bieten sich Entspannung und Stille. Aber auch mitten in der Stadt lädt der Stadtgarten mit Kinderspielplätzen, idyllischen Nischen und moderner Kunst zur Anregung wie zur Ruhepause ein.

Wer dagegen körperliche Ertüchtigung und Wettkämpfe sucht, findet auf den zahlreichen Sportstätten vielfältige Gelegenheit, sich fit zu halten. Für den Leistungssport sorgt ein reges Vereinsleben: Vom Fußball (SV Weingarten) über Kraftsportarten, Radsport, Leichtathletik und Turnen, Tennis, Eisstockschießen und vieles andere mehr ist alles vertreten, was ein Sportlerherz begehren mag.

Die Stadt trägt dem sportlichen Freizeitbedürfnissen ihrer Bürger mit zahlreichen Sportstätten Rechnung: Das Lindenhofstadion ist seit seiner Einweihung im Jahr 1993 zum Austragungsort der wichtigsten Freiluftsportarten geworden. Nicht weit entfernt vom Stadion bieten eine Großsporthalle und die Sportanlagen beim Schulzentrum für Vereine und Freizeitsportler beste

Bedingungen für Training und Wettkämpfe. Insgesamt sechs große bis mittlere Sporthallen stehen für den Vereinssport zur Verfügung.

Der Vorderochsen im Süden der Welfenstadt hat sich im Laufe der Jahre zum regelrechten „Sportzentrum" entwickelt: Tennisanlagen für die Freiluftsaison (die Tennishalle in der Riedstraße dient als wetterunabhängige Spielstätte für den Filzball), die Reitanlage mit Halle des Reit- und Fahrvereins Oberschwaben, sowie die Anlage für Sommerstockschießen des Eisschützenclubs Weingarten. Schwimmsport wie Badespaß gleichermaßen sind möglich im Hallenbad wie im Freibad bei Nessenreben, – für ausgesprochene Naturliebhaber bietet der nahe Rösslerweiher Liegewiesen im Schilfgürtel. Im Herbst entpuppt sich Weingarten als „Drachenmetropole" Oberschwabens, wenn auf dem Gelände in Nessenreben tausende begeisterter Flugdrachenbauer ihre Drachen in die Lüfte steigen lassen.

Die Lebensqualität einer Stadt bemisst sich heute mehr denn je auch nach den Entfaltungs- und Begegnungsmöglichkeiten seiner Bürger über den schlichten Arbeitsalltag hinaus: Wer Gemeinsamkeit und Gruppenerlebnis schätzt, findet hier in über achtzig Vereinen und Vereinigungen ausreichend Gelegenheit zu unterschiedlichster Freizeitbetätigung, ob im Sport, im Spiel, oder im sozialen, kulturellen oder politischen Engagement. Auch hier ermöglicht die ehrenamtliche Initiative eine erstaunliche Vielfalt, die in der Welfenstadt schon immer gefördert wird.

Hallenbad und Freibad

Badespaß pur: Ob im Hallenbad mit Sauna, Dampfbädern, Solarien oder im (beheizten) Freibad am Waldrand bei Nessenreben mit der attraktiven Großwasserrutsche.

Taking the plunge: Weingarten boasts an indoor pool complete with sauna, Turkish baths and solarium as well as a (heated) outdoor pool with a giant slide at the edge of the woods at Nessenreben.

Bienfaisance de la chaleur et de l'eau, que ce soit à la piscine couverte avec sauna, bain de vapeur, solarium ou dans la piscine en plein air (chauffée) à la lisière du bois près de Nessenreben avec son toboggan géant.

Un vero divertimento: Nella piscina coperta con sauna, bagni turchi, solarium oppure nella piscina all'aperto (riscaldata), situata a Nessenreben ai margini del bosco, con il grande scivolo ad acqua.

Hofgut Nessenreben

Naturgenuss und Freizeitspaß: Auf der ehemaligen „Sommerfrische" des Klosters Weingarten finden heute Zeltlager und Freiluftveranstaltungen verschiedenster Art statt, mit Wandermöglichkeiten am Stillen Bach, Lagerfeuerromantik und Badespaß am nahen Rösslerweiher.

A haven for nature lovers and outdoor types: the former site of the monastery's „summer resort" is now used for camping and open-air events of all kinds, including riverside walks by the „Stiller Bach", campfires and bathing in the nearby „Rösslerweiher".

Nature et loisirs: l'ancienne „villégiature" du monastère de Weingarten s'est transformée en scène de plein air pour des représentations de tout genre. C'est également un lieu idéal de campement avec tout le romantisme des feux de camps, de magnifiques sentiers de randonnée le long du „Stillen Bach" et tous les plaisirs de l'eau au „Rössleweiher".

Godere la natura e divertirsi nel tempo libero: La vecchia „Sommerfrische" (villeggiatura) del monastero di Weingarten è ideale per accampamenti ed eventi all'aperto di ogni tipo, con possibilità di camminare lungo il ruscello „Stiller Bach", di accendere un fuoco romantico ed di fare un bagno nel laghetto vicino „Rösslerweiher".

Stiller Bach

Traumgelände für Spaziergänger: Vor Jahrhunderten von den Benediktinermönchen angelegt, schlängelt sich der Bach heute durch die Waldesstille eines der schönsten Naherholungsgebiete von Weingarten.

Ideal walking country: created centuries ago by the Benedictine monks, the stream winds its way through the tranquil woods of one of Weingarten's most attractive local recreation areas.

L'endroit idéal pour se promener: ce ruisseau, aménagé par les bénédictins il y a quelques siècles déjà, serpente dans le bois et est aujourd'hui un lieu favori de recueillement pour tous ceux qui aiment le silence et la paix.

Paesaggio da sogno per passeggiate: Secoli fa i benedettini hanno realizzato il ruscello che oggi serpeggia attraverso la tranquillità del bosco della zona di ricreazione più bella di Weingarten.

Rössler Weiher

Nutzgewässer und Freizeitspaß: Erinnerung an die Zeit der klösterlichen Bewirtschaftung beim Abfischen. Im Winter verwandelt sich der Weiher in ein Paradies für Schlittschuhläufer.

An economic and recreational asset: fishing the lake dry as in bygone days when it was managed by the monks. In winter the lake freezes over, making it ideal for skating.

Economie et loisir. cet étang fait office de bassin de pisciculture pour le monastère. En hiver on y fait du patinage à glace.

Lago da pesca e divertimento ricreativo: Una volta era il lago da pesca del monastero. D' inverno il laghetto è un paradiso per pattinatori.

Eldorado für Sportfans: In den zahlreichen Vereinen und Freizeiteinrichtungen finden Sportbegeisterte aller Altersgruppen Mitstreiter für spannende Wettkämpfe.

A paradise for sports fans: Weingarten's numerous clubs and recreational facilities bring together sports enthusiasts of all age groups.

Un paradis pour tous les amateurs de sports: dans les nombreux clubs et associations de la ville, les sportifs de tout âge trouvent toujours des partenaires pour pratiquer leurs sports favoris.

Eldorado degli amanti dello sport: Negli club e sui campi sportivi gli amanti dello sport di ogni età trovano nel loro tempo libero concorrenti per disputare delle gare.

Luftkünstler und Langläufer: Im Herbstwind steigen über Nessenreben die Drachen zu artistischen Kunstflügen, während die Waldesstille zu Konzentration und Ausdauer einlädt.

Sky artists and cross-country runners: kites soar and swoop artistically in the autumn wind over Nessenreben while the stillness of the woods invites concentration and perserverence.

Au fil des saisons: le vent d'automne invite à lancer les cerfs-volants au-dessus de Nessenreben, tandis que le silence de la forêt n'est interrompu que par le glissement régulier des skis de fond.

Artisti volanti e corsa di fondo: A Nessenreben gli aquiloni volano artisticamente nel vento autunnale, mentre la pace nel bosco invita a concentrazione e costanza.

Jugendhaus und Ferienprogramm

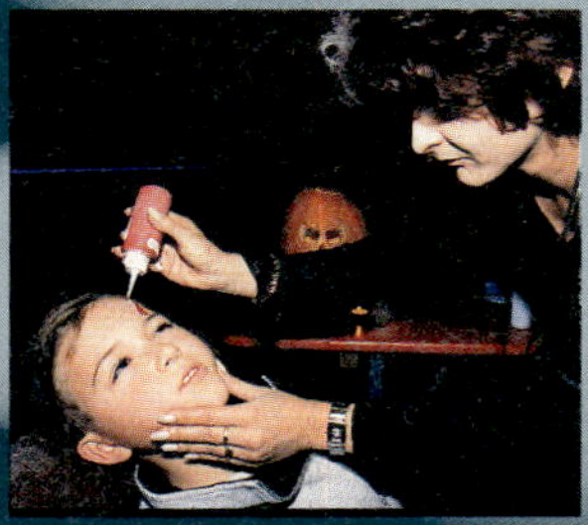

Pädagogisch betreut, doch ohne Gängelband: In den Räumen des Jugendhauses und bei den Aktivitäten des alljährlichen Ferienprogramms kann sich die Jugend nach Herzenslust austoben.

Supervision without spoon-feeding: the youth centre and annual holiday programme gives youngsters a chance to let off steam.

Prise en charge sans laisse: dans les locaux de la Maison des Jeunes et lors des activités organisées pendant les grandes vacances, la jeunesse peut s'éclater à cœur joie.

Con pedagogia ma senza danda: Nella Casa della Gioventù e nelle attività offerte ogni anno dal programma per le vacanze estive i giovani possono sfogarsi a piacere.

1

2

3

4

5

6

7

8

9

10

11

Städte-Partnerschaften

Städte-Partnerschaften

Städtepartnerschaften haben zwar schon immer zur besseren Verständigung zwischen verschiedenen Ländern beigetragen, letztlich leben sie aber erst, wenn über die Partnerschaftsverträge zwischen den Kommunen hinaus die Bevölkerung der Partnerstädte in Kontakt zueinander tritt. Gerade dies zeichnet die Städtepartnerschaften Weingartens mit dem französischen Bron, dem weißrussischen Brest, dem ostdeutschen Grimma und dem italienischen Mantua aus.

Schon vor der offiziellen Aussöhnungspolitik zwischen Deutschland und Frankreich hatte sich bereits im Juli 1961 ein erster Briefwechsel zwischen der französischen Stadt Bron bei Lyon und Weingarten entwickelt. Gegenseitige Besuche von Delegationen bereiteten die offizielle Begründung der Städtepartnerschaft vor, die im Jahr 1963 mit einer großen Partnerschaftsfeier besiegelt wurde.
Von da an waren Schüleraustausch, zahlreiche gegenseitige Besuche, gemeinsame Kunst- und Fotoausstellungen, Benennungen von Plätzen und Straßen nach der jeweiligen Partnerstadt Ausdruck der wachsenden Freundschaft zwischen den Kommunen.
Ein gemeinsames Projekt der mittlerweile eng verbundenen Städte zur Verbesserung der Wasserversorgung der Region Gao in Mali (Afrika) zeigte, dass Städtepartnerschaft sich nicht nur in gegenseitigen Begegnungen erschöpfen muss, sondern etwa auch gemeinsame Anstrengungen zur Verbesserung der Lebenssituation in der Dritten Welt umfassen kann.

Ebenfalls deutliche Hilfsaspekte hatte und hat die Städtepartnerschaft mit der weißrussischen Stadt Brest, die Weingarten im Zusammenwirken mit der Nachbarstadt Ravensburg einleitete und später auf den gesamten Gemeindeverband Mittleres Schussental ausdehnte. Kontakte bestehen auch zwischen der Pädagogischen Hochschule Weingarten, der Fachhochschule Ravensburg-Weingarten und der Hochschule in Brest. Die schwierige Versorgungslage in der UdSSR im Winter 1990/91 löste eine große Hilfsaktion der Bevölkerung im Mittleren Schussental aus. Mit über einer halben Million Spendengeldern konnten Lebensmittel, Medikamente und medizinische Hilfsgüter in zwei großen Konvois im Januar und April 1991 nach Brest gebracht werden.

Nach dem Fall der Berliner Mauer waren plötzlich deutsch-deutsche Kontakte problemlos möglich geworden. Schon im Februar 1990 kam die Stadt Grimma (Bezirk Leipzig), die seit 1971 Partnerschaftsbeziehungen zu Bron unterhält, auf Weingarten zu und regte eine Dreieckspartnerschaft Bron – Weingarten – Grimma an. Weingarten half in der Folgezeit unter anderem beim Aufbau der kommunalen Selbstverwaltung in Grimma, vor allem durch Schulung und konkrete Hilfe und Rat vor Ort. Schüleraustausch und Kontakte zwischen den Vereinen der befreundeten Städte schlossen sich an.

Partnerschaftsähnliche Verbindungen bestehen schon seit vielen Jahren zur Stadt Blumenau in Brasilien, sowie zur Südtiroler Ortschaft Burgeis im oberen Vintschgau.
Die jüngste Städtepartnerschaft, die Weingarten 1998 mit der oberitalienischen Stadt Mantua schloß, hat große Beachtung gefunden, da die Verbindung zwischen den beiden Kommunen vor allem durch die gemeinsame Tradition der in beiden Städten lebendigen Heilig-Blut-Verehrung zustande kam. Inzwischen ist die Partnerschaft durch zahlreiche gesellschaftliche wie kulturelle Verbindungen und gegenseitige Besuche der Bürger und zahlreicher Vereine zu einer festen Größe im kommunalen Bewusstsein geworden.

Ammelshain/Sa.
Tel.+Fax 034293/29657
seit 1894
Sächsische Spezialitäten aus der
Partnerstadt Grimma

Partnerstadt Brest

Die Partnerschaft mit der drittgrößten Stadt Weißrußlands besteht seit 1989 gemeinsam mit dem Gemeindeverband Mittleres Schussental (Weingarten, Ravensburg, Baienfurt, Baindt und Berg).

The municipalities of Weingarten, Ravensburg, Baienfurt, Baindt and Berg have been twinned with Brest, the third largest town of Belarus, since 1989.

Le jumelage des communes de Weingarten, Ravensburg, Baienfurt, Baindt et Berg avec la ville de Brest en Biélorussie existe depuis 1989.

Il gemellaggio con la città terza in grandezza della Russia Bianca esiste dal 1989 insieme al consorzio dei comuni della valle del fiume Schussen (Weingarten, Ravensburg, Baienfurt, Baindt und Berg).

Jährliche Vereinsbegegnungen und zahlreiche freundschaftliche Kontakte unterstützen die Partnerstadt Brest.

The twinning with Brest is supported by annual exchanges between clubs and societies and numerous goodwill gestures.

Les rencontres annuelles entre les différentes associations et les nombreux contacts amicaux caractérisent le jumelage avec la ville de Brest.

Gli incontri annuali tra le associazioni e le relazioni amichevoli danno appoggio alla città di gemellaggio Brest.

Partnerstadt Bron

Mit der östlich an Lyon angrenzenden Stadt besteht seit 1963 die längste und beständigste Partnerschaft, die seinerzeit als Pioniertat der deutsch-französischen Versöhnung galt.

The longest-standing twinning relationship is with the town of Bron to the east of Lyon, which was established in 1963 as a pioneering act of Franco-German reconciliation.

Le jumelage avec la ville de Bron près de Lyon est le plus durable. Il existe depuis 1963 et fut considéré comme un acte pionnier de la réconciliation franco-allemande.

Il gemellaggio più lungo e stabile esiste dal 1963 con la città all'est di Lyon, che allora fu un atto da pionieri per la riconciliazione franco-tedesca.

Partnerstadt Bron

Französisches Flair zwischen Idylle und städtischem Alltag: Vom Schüleraustausch bis zu gemeinsamen Entwicklungshilfeprojekten reicht die jahrzehntelange Zusammenarbeit mit der Stadt in der Region Rhône-Alpes.

A taste of France at once idyllic and ordinary: school exchanges and joint development aid projects are just some of the achievements of decades of cooperation with this town in the Rhône-Alpes region.

Un peu d'ambiance française: la coopération de plusieurs dizaines d'années avec la ville de Bron, située dans la région Rhône-Alpes, est marquée par de nombreux échanges scolaires et par des projets communs d'aide au développement.

Atmosfera francese fra idillio e quotidianità urbana: La decenne collaborazione con la città della Regione Rhône-Alpes include sia scambi di allievi, sia progetti comuni d'aiuto ai paesi in via di sviluppo.

Partnerstadt Grimma

Die Kreisstadt Grimma liegt zwischen Dresden und Leipzig und besitzt im historischen Stadtkern zahlreiche Sehenswürdigkeiten, die viel vom Charakter des historischen Stadtbildes bewahrt haben.

The district capital of Grimma is situated between Dresden and Leipzig and boasts numerous places of interest which have retained much of the town's historic character.

La ville de Grimma, située entre Dresde et Leipzig, cache de nombreuses curiosités dans son centre-ville historique bien conservé.

Fra Dresden e Leipzig è situata il capoluogo Grimma. Il centro storico è ricco di bellezze che hanno conservato gran parte del carattere della fisionomia storica della città.

Schon vor der Wende Kontakte gesucht und gefunden: Die deutsch-deutsche Partnerschaft mit Grimma in Sachsen hat sich als dauerhafte Verbundenheit erwiesen.

Established before reunification, the twinning relationship with Grimma in East Germany has proved durable and constant.

Les contacts avec la ville de Grimma en Saxe existaient déjà avant la réunification allemande et n'ont fait que se resserrer au fil des années.

Chi cerca trova: Dai primi contatti presi già prima della riunificazione delle due Germanie si è sviluppato un stabile gemellaggio tedesco-tedesco con la città di Grimma in Sassonia.

Partnerstadt Mantua

Die Silhouette von Mantua wird beherrscht von der mächtigen Basilika St. Andrea, in deren Krypta die „Sacri Vasi" aufbewahrt werden. Ursprünglich angeregt durch die gemeinsame Tradition der Verehrung der Heilig-Blut-Reliquie, hat sich die Städte-Partnerschaft mit Mantua zu einem reichen kulturellen und gesellschaftlichen Austausch entwickelt.

The skyline of Mantua is dominated by the mighty basilica of St. Andrea whose crypt houses the „Sacri Vasi". Originally inspired by the common tradition of worshipping the Holy Blood relic, the twinning with Mantua has developed into a rich cultural and social exchange.

La ville italienne de Mantova, située en Lombardie est dominée par la Basilique Santa Andrea où dans sa crypte le Saint Sang est conservé dans les „Vases Sacrés". Animé par la tradition commune de la vénération de la relique du Saint Sang, le jumelage avec Mantova est devenu un échange culturel et social de premier rang.

La silhouette di Mantova è dominata dall' imponente Basilica di S. Andrea. Nella sua cripta sono conservati i „Sacri Vasi". È stata la tradizione in comune della venerazione della Reliquia del Sangue Sacro a dare impulso al gemellaggio con Mantova. Nel frattempo si è sviluppato un vivo scambio culturale e sociale.

Partnerstadt Mantua

Umgeben von den gewaltigen Bauwerken der Basilika St. Andrea und dem Palazzo Ducale, dem ehemaligen Herrschaftssitz der Gonzagas, pulsiert der Alltag Mantuas in italienischer Lebensart, die die Besucher aus Weingarten in zahlreichen Begegnungen schätzen gelernt haben.

Surrounded by the massive edifices of the basilica of St. Andrea and the Palazzo Ducale, the former seat of power of the Gonzagas, Mantua buzzes with the Italian way of life which visitors from Weingarten have come to appreciate over numerous exchanges.

Entouré des énormes édifices de la basilique Sta Andrea et du Palazzo Ducale, l'ancien siège des Conzagas, la vie quotidienne à Mantua bat selon le mode de vie italien, que les visiteurs de Weingarten ont appris à aimer lors des nombreuses rencontres.

Circondata dagli enormi edifici della Basilica S. Andrea e dal Palazzo Ducale, la vecchia sede dei Gonzaga, la vita quotidiana mantovana va nel modo di vivere italiano che i visitatori di Weingarten grazie ai numerosi incontri, hanno imparato ad apprezzare.

Hotel

Partnerschaft mit Burgeis

Aufbauend auf der historischen Verbindung zum Kloster Weingarten, entwickelte sich zwischen Burgeis und Weingarten eine Städtepartnerschaft, die in zahlreichen Besuchen über Jahre gefestigt wurde.

Based on historical links with the monastery at Weingarten, a twinning relationship was cultivated between Burgeis and Weingarten which has been strengthened by numerous visits over the years.

Des relations historiques avec le monastère de Weingarten a résulté un jumelage avec la ville de Burgeis en Tyrol du Sud. Celui-ci ne fit que se consolider au fil des années grâce aux nombreuses visites.

Sulla base delle relazioni storiche mantenute con il monastero di Weingarten, si è sviluppato il gemellaggio fra Burgeis e Weingarten che con gli anni si è consolidato grazie alle numerose visite.

Partnerschaft mit Blumenau

Seit 1975 besteht eine „Fahnenpartnerschaft“ mit der vor über 150 Jahren von deutschen Auswanderern gegründeten Stadt Blumenau im Süden Brasiliens.

Since 1975, a „flag twinning“ relationship has existed with the town of Blumenau in South Brazil, which was founded over 150 years ago by German emigrants.

Depuis 1975, il existe un jumelage de drapeaux avec la ville de Blumenau au Sud du Brésil, fondée il y a 150 ans par des émigrants allemands.

Dall’anno 1975 esiste un „gemellaggio di bandiera“ con la città di Blumenau nella Brasilia meridionale, fondata 150 anni fa da emigrati tedeschi.

1

2

3

4

Die Stadt als Dienstleistungszentrum für die Zukunft

5

6

7

8

9

10

11

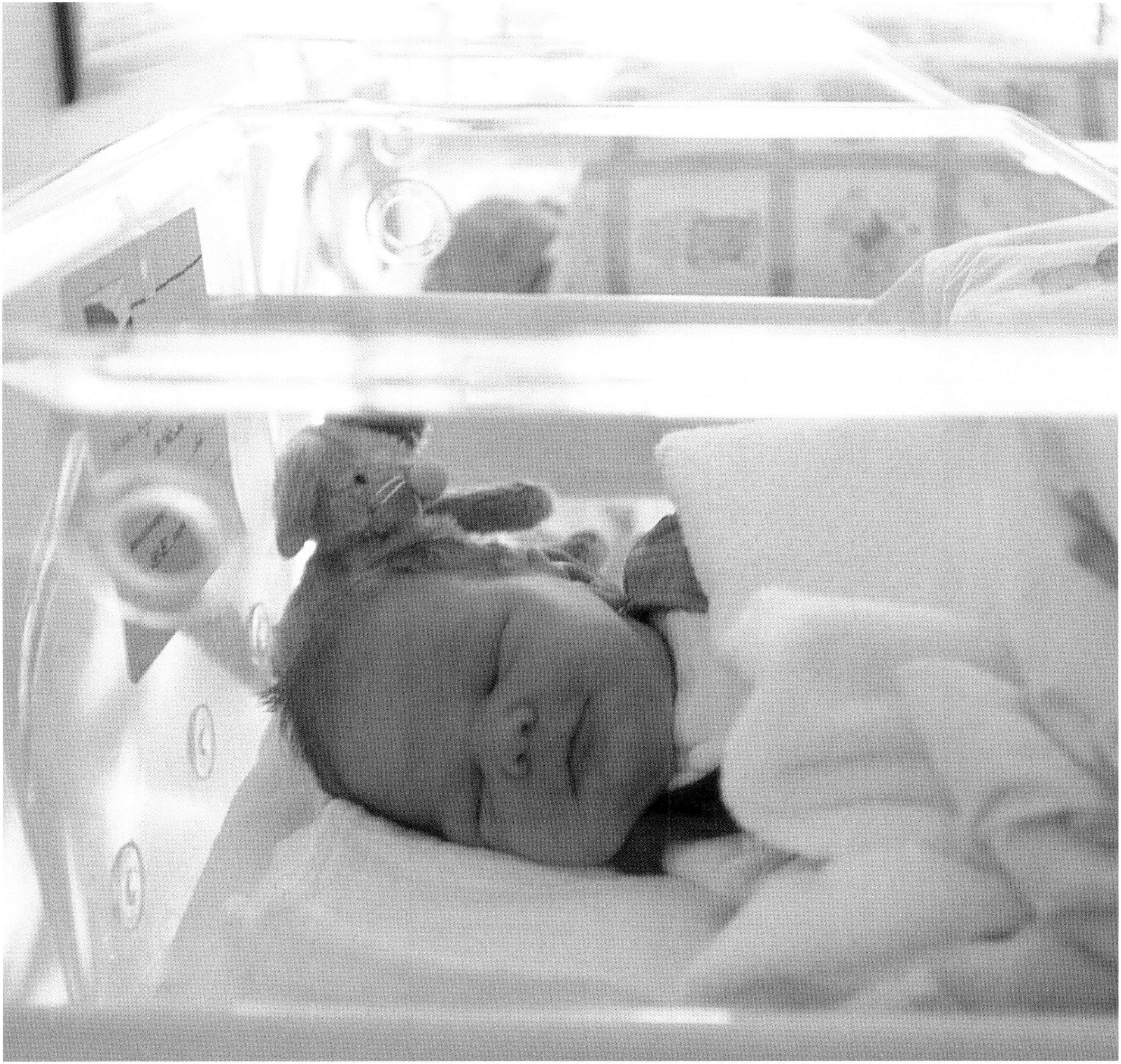

Die Stadt als Dienstleistungszentrum für die Zukunft

Die moderne Kommune versteht sich heute immer mehr als Dienstleistungseinrichtung für ihre Bürger. Aufgeschlossenheit und Bürgernähe werden in Weingarten ebenso geschätzt, wie die optimale Versorgung mit allen wichtigen Einrichtungen. Die Verwaltung einer Stadt beginnt schon mit der Art und Weise, wie sie die jüngsten Erdenbürger begrüßt. Das Städtische Krankenhaus „14 Nothelfer" gilt weit über Weingarten hinaus als vorbildliche Einrichtung in den verschiedenen klinischen Abteilungen, besonders in der Geburtshilfe. Ausreichende Kindergärtenplätze und ein breites Angebot von allgemeinbildenden Schulen sind in der Welfenstadt ebenso selbstverständlich, wie das Angebot für Jugendliche, sich im Jugendgemeinderat aktiv um die Belange ihrer Generation zu kümmern. Identität und berechtigter Stolz einer Kommune entwickeln sich am nachhaltigsten in einem Klima von Transparenz und Mitgestaltungsmöglichkeiten. Seniorenrat, Bürgerfragestunden und Agenda-Einrichtungen tragen dazu bei, dass wichtige Projekte der Stadtplanung in Weingarten stets mit lebhafter Bürgerbeteiligung angepackt werden. Dazu gehören nicht nur die Sanierung der Innenstadt, die Neugestaltung des Stadtgartens und die Bereitstellung neuer Wohn- oder Gewerbegebiete, sondern ebenso die zentralen Fragen des öffentlichen Nahverkehrs mit Stadtbus-Linien und Bodensee-Oberschwaben-Bahn.

Neben der sicheren Bereitstellung und dem ständigen Ausbau der Infrastruktur werden in Weingarten die Voraussetzungen für ein reichhaltiges kulturelles Leben stetig ausgebaut und gefördert: Ein umfangreiches Stadtarchiv, historische Museen, die Volkshochschule, das Kultur- und Kongresszentrum Oberschwaben, die Städtische Galerie wie das vielseitig nutzbare „Schlössle" werden vom städtischen Amt für Kultur und Tourismus betreut.

Im Zentrum all dieser Dienstleistungen steht das Rathaus als offenes Haus für alle Bürger: Moderne Verwaltung, hilfreiche Informationspolitik, bürgernahe Behörden schaffen ein kommunales Klima, in dem die Stadt den Charakter eines lebendigen Gemeinwesens bewahrt.

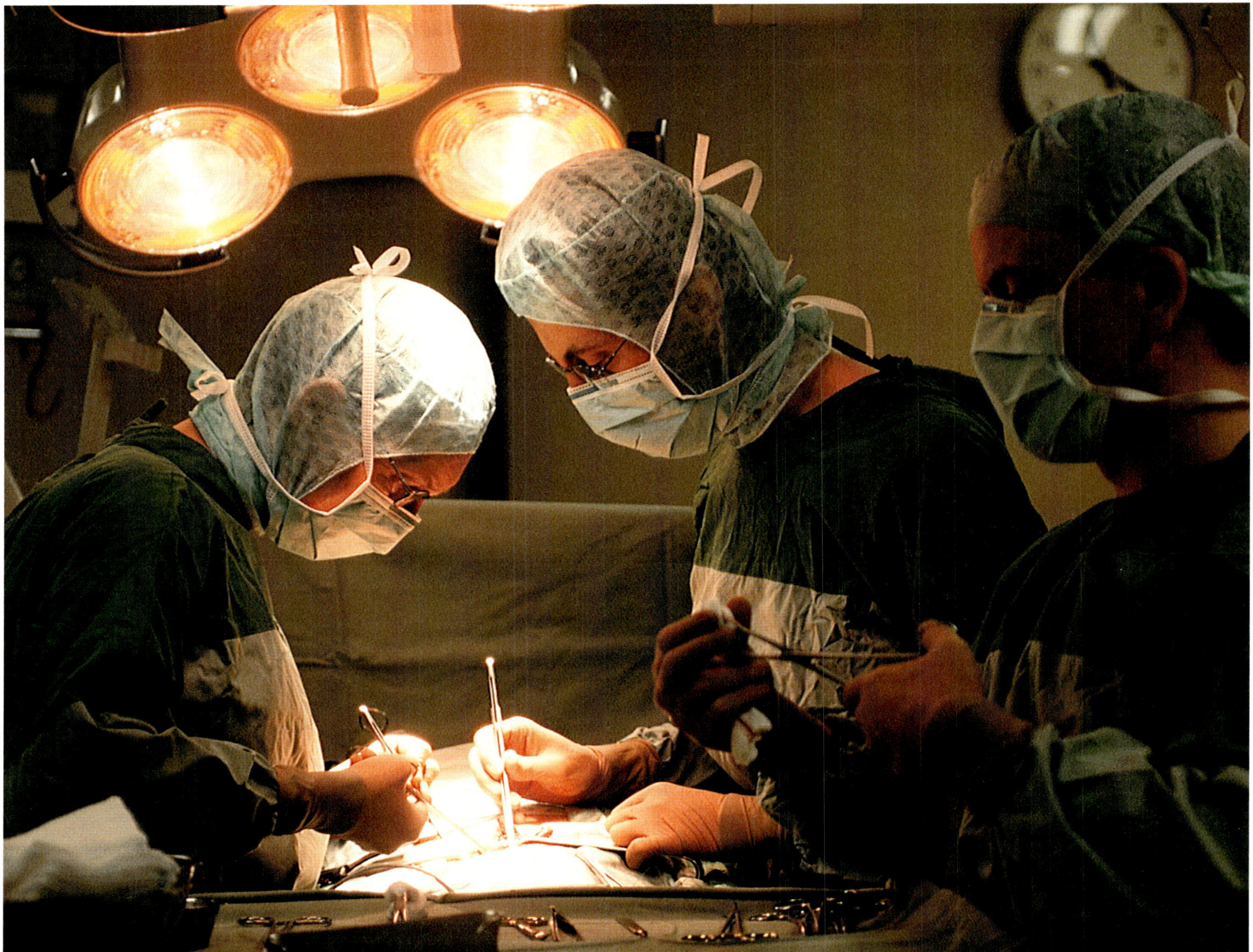

Städtisches Krankenhaus 14-Nothelfer

Ärztliche Grundversorgung und hochqualifizierte Spezialbehandlungen: Von der Chirurgie bis zur Gynäkologie findet das Städtische Krankenhaus regionale Anerkennung.

Basic medical care and highly qualified specialists: from surgery to gynaecology, the municipal hospital is acclaimed throughout the region for its range of expertise.

Premiers soins médicaux et traitements spéciaux par du personnel hautement qualifié: depuis la chirurgie jusqu'à la gynécologie, l'hôpital municipal est un hôpital très apprécié dans la région.

Assistenza medica di base e trattamenti speciali altamente qualificati: Dalla chirurgia alla ginecologia: l'ospedale della città è riconosciuto in tutta la regione.

Freiwillige Feuerwehr Weingarten

Vom Großbrand bis zur Katastrophenhilfe stets zur Stelle: Technisch bestens ausgestattet, gehört die Feuerwehr in Weingarten zu den zuverlässigen Sicherheitseinrichtungen weit über die Grenzen der Stadt.

On hand for all emergencies from major fires to disaster relief, the municipal fire brigade boasts first-class technical equipment and has a reputation for reliability well beyond Weingarten.

Toujours présent: techniquement très bien équipé contre les incendies de grande ampleur et les catastrophes, le rayon d'intervention des pompiers de Weingarten s'étend bien au-delà des limites de la ville.

In caso di incendi e catastrofi: I vigili del fuoco di Weingarten sono sempre presenti. Con perfette attrezzature tecniche sono un affidabile fattore di sicurezza anche oltre i confini della città.

FEUERWEHR
FEUERWEHR
FEUERWEHR

Stadtbus Weingarten

Mobilität für Jung und Alt: Zusammen mit dem öffentlichen Nahverkehr im Schussental bietet der Stadtbus ideale Verbindungen zu allen Stadtteilen Weingartens.

Mobility for young and old: In conjunction with the local public transport network of the Schussen valley, the town bus offers ideal connections to all areas of Weingarten.

Mobilité pour les jeunes et les moins jeunes: en collaboration étroite avec les transports publics urbains et suburbains dans la vallée du Schussen, le bus offre des communications idéales avec tous les faubourgs de la ville Weingarten.

Mobilità per i giovani ed i vecchi: I trasporti pubblici nella valle della Schussen e l'autobus urbano collegano in modo ideale tutti i quartieri di Weingarten.

Städtischer Bauhof

Augenmaß und Tüchtigkeit: Zuverlässig und immer zur Stelle, sorgen die Bediensteten des Bauhofs für den reibungslosen technischen Betrieb der Kommune.

Efficiency and a good eye: reliable and always on hand, the council workforce keeps the town's technical services running smoothly.

Compas dans l'œil et savoir-faire: fiables et toujours présents, les travailleurs de la commune veillent à ce que tout fonctionne impeccablement dans l'ensemble de la commune

Con misura ad occhio e diligenza: Gli impiegati tecnici del Comune sono sempre pronti ed affidabili e provvedono al perfetto funzionamento tecnico del Comune.

1
2
3
4
5
6
7
8
9
10
11

Urbanität und Idylle

FRITZMEIER

Urbanität und Idylle

Der Charakter einer Stadt zeigt sich nicht zuletzt in der gelungenen Verbindung von vertrautem Stadtbild aus historischer Architektur mit den stadtplanerischen Neuerungen, die im Laufe von Jahrzehnten neue Wohngebiete und Industrieansiedlungen sowie verkehrstechnische Änderungen integrieren. In Weingarten haben über fünfundzwanzig Jahre erfolgreiche Stadtsanierung deutliche Spuren hinterlassen: Neben der Verdichtung der Innenstadt mit Fußgängerzonen und guten Parkmöglichkeiten ist es gelungen, durch sinnvolle Verkehrsführung zunehmend mehr Erholungsqualität bis in die Nähe des Stadtkerns zu erhalten. Entlang der meist offen fließenden Scherzach sind so zahlreiche idyllische Winkel erhalten geblieben, die in unmittelbarer Nachbarschaft zu den Geschäftsstraßen relativ ungestörte Lebensqualität für die Anwohner bieten. Der Stadtgarten in unmittelbarer Nähe des Löwenplatzes erfüllt seine wichtige Funktion als „grüne Lunge" der Stadt, in der Entspannung und angeregte Begegnungen möglich sind.

Die neueren Wohngebiete Weingartens an den sonnigen Hanglagen sind durch den Stadtbus verkehrstechnisch gut angebunden. Im Stadtkern selbst wurden durch behutsame Sanierungsmaßnahmen zahlreiche neue Wohnquartiere geschaffen, die das innerstädtische Leben bereichern. Neue Straßenführungen, vor allem die Untertunnelung des Münsterplatzes nahe der Stadtmitte, tragen zur Verkehrsberuhigung der Innenstadt bei: Mit dem Münsterplatz und dem Löwenplatz, die durch die Fußgängerbereiche in

Kirch- und Karlstraße verbunden werden, ist eine belebte Begegnungszone entstanden, in der sich das rege städtische Leben abspielen kann: Einkaufsmöglichkeiten in zahlreichen Fachgeschäften und einem zentralen Kaufhaus (Tiefgaragen und Parkhaus direkt in der Stadtmitte ermöglichen unkomplizierte Zugänge), belebte Straßencafés, leichter Behördenzugang und regelmäßiger Wochenmarkt sind die Anziehungspunkte für alltägliche Besorgungen, aber auch die Schauplätze zum Flanieren, Bummeln, für den kleinen „Schwatz" im Vorbeigehen wie die angeregte Plauderei beim Kaffee.

Wer die Stille vorzieht, findet am Kreuzberg schattige Waldwege, am Schwanenweiher und Kreuzbergweiher beschauliche Plätze zur Entspannung. Auf den bewaldeten Osthängen der Stadt bieten sich entlang des Sechserwegs oder dem Hallersberg erholsame Spazierwege mit abwechslungsreichen Blicken über die Dächer der Stadt bis ins weite Umland des Schussentals.

Sein „Flair" verdankt Weingarten der Spannung zwischen idyllischer Naturnähe, geschichtlicher Tradition und urbaner Betriebsamkeit. Zielstrebige und doch maßvolle Neugestaltungen des Stadtbildes, seiner Straßenzüge und Plätze, der zeitgemäßen Infrastruktur wie der erhaltenen historischen Bauten, gewährleisten eine bewohnbare Modernität, die ihren lebens- und liebenswerten Charakter bewahrt.

Im Blick auf die Dachlandschaft der Stadt zeigt sich die gelungene Integration von historischem Bestand und Neubauten. Dazwischen verbergen sich zahlreiche verträumte Winkel.

A view over the rooftops of the town reflects the successful architectural integration of old and new, with picturesque nooks and crannies in between.

Une vue sur les toits de la ville montre bien que l'intégration de constructions nouvelles et d'édifices historiques n'a pas été réalisée sans âme. Par-ci et par-là de nombreux petits coins idylliques.

La veduta sul paesaggio dei tetti della città rivela l'integrazione riuscita del patrimonio storico ed degli edifici moderni. In mezzo si nascondo molti ångoli sperduti.

Urbaner Lebensraum und Naturnähe: Vom regen Verkehr auf der Abt-Hyllerstraße spürt man entlang der Scherzach oder auf dem „Lindele“ wenig.

An urban environment in a rural setting: along the banks of the Scherzach or up on the „Lindele“ there is little or no sound of the busy traffic on the Abt-Hyller-Straße.

Circulation urbaine et calme rural: le long de la Scherzach et sur le „Lindele“ on est loin du trafic intense sur la Abt-Hyller-Straße.

Vivere in città vicino alla natura: Lungo il ruscello „Scherzach“ o al „Lindele“ si sente poco del traffico intenso che pulsa sulla Abt-Hyller-Straße.

Waldesruhe und Verkehrsströme: Auf den Höhen über der Stadt lädt die Stille zum Abendspaziergang ein, während sich am Postplatz durch die Unterführung der Verkehr bündelt.

Peaceful woodland and traffic jams: high above the town, the stillness is perfect for an evening walk, while the traffic builds up in the subway by the Postplatz.

Ici, sur les hauteurs de la ville, le silence vous invite à faire une randonnée dans le calme du soir, tandis que sur la place de la poste, les voitures se mettent en file devant le passage souterrain.

La pace del bosco ed il traffico in movimento: La tranquillità delle colline sopra la città invita ad una passeggiata serale, mentre sul Postplatz (Piazza delle Poste) il traffico si concentra nel sottopassaggio.

SIRTAKI

Die Kapelle am Kreuzberg träumt in der Abendstille von Ruhe und Einkehr, während sich Weingarten aus der Vogelperspektive als urban verdichtete Stadtlandschaft präsentiert.

The chapel on the Kreuzberg pictured in the calm and tranquillity of the evening, while an aerial view of Weingarten shows a highly concentrated urban landscape.

La chapelle au Kreuzberg plongée dans le calme du soir, tandis que Weingarten vue en perspective aérienne se présente comme un paysage urbain très concentré.

Nel silenzio serale la cappella sul Kreuzberg sogna pace e riposo, visto da sopra Weingarten si presenta come un paesaggio urbano molto denso.

Bildnachweis

H
1
H
1 2 3
4 5 6
7 8 9
H
1 2
3 4
H
1 2 3 4
5 6 7 8
9 10 11 12
13 14 15 16
H
1
2
3
4
5
H
1 2 3
H
1
2 3 4
H
1
2
3

H 1 2 H 3 4
1 2 3
H 2 3 4 1
H 2 3 1 4
H 2 1 3 4
H 2 3 1 4 5
H 2 3 1 4 5 6 7 8
2 3 4 1
2 3 1 4 5 6 7

Vertraute Modernität

Seite	
6	Daniel Hartmann
7	Daniel Hartmann
9	Rainer Beck
10	Verkehrsamt 1, 3 | Rainer Beck 2 | Stadtarchiv 4 (Wappen)
11	Rupert Leser 1, 3, 7 | Ernst Fesseler 2, 8 | Verkehrsamt 4 | Daniel Hartmann 5, 6, 9
12	Fotoforum 1, 2 | Rupert Leser 3, 4
13	Fotoforum
14	Rupert Leser 1, 3 | Ernst Fesseler 2, 4
15	Ernst Fesseler
16	Rupert Leser
17	Verkehrsamt H | Daniel Hartmann 1
18	Ernst Fesseler
19	Rupert Leser
20	Egon Woblick
21	Ernst Fesseler
22	Verkehrsamt
23	Fotoforum
24	Daniel Hartmann
25	Daniel Hartmann
26	Ernst Fesseler
27	Rainer Beck

Kloster, Basilika und kirchliche Feste

Seite	
29	Stadtarchiv
30	Rupert Leser
31	Ernst Fesseler 1 | Stadtarchiv 2, 3, 5, 6, 7, 8 | Daniel Hartmann 4, 9
32	Stadtarchiv 1 (Putte) | Daniel Hartmann 2-4
33	Daniel Hartmann
34	Dr. Peter Birkel, Weingarten
35	Ernst Fesseler
36-37	Rupert Leser
38	Rainer Beck
39	Rupert Leser
40-41	Stadtarchiv
42-43	Verkehrsamt
44-45	Daniel Hartmann
46	Rupert Leser
47	Ernst Fesseler 1 | Rupert Leser 2, 3
48	Ernst Fesseler
49	Ernst Fesseler H | Stadtarchiv 1-5
50	Ernst Fesseler H, 1, 2 | Verkehrsamt 3 | Fotoforum 4
51	Daniel Hartmann
52	Rupert Leser 1 | Verkehrsamt 2 | Ernst Fesseler 3
53	Rupert Leser
54	Rupert Leser 1 | Ernst Fesseler 2, 3 | Daniel Hartmann 4

Kloster, Basilika und kirchliche Feste

Seite	
55	Rupert Leser
56	Ernst Fesseler
57	Ernst Fesseler 1 | Verkehrsamt 2 (Heilig-Blut-Reliquie) | Stadtarchiv 3 | Rupert Leser 4 Daniel Hartmann 5
58	Ernst Fesseler 1, 2, 4-9, 11, 12, 14, 16 | Rupert Leser 3, 13, 15 | Fotoforum 10
59	Rupert Leser
60	Egon Woblick
61	Daniel Hartmann H | Rupert Leser 1 | Ernst Fesseler 2, 3 | Stadt Weingarten 4
62-63	Rupert Leser
64	Daniel Hartmann
65	Daniel Hartmann 1, 2 | Fotoforum 3

Moderner Wirtschaftsstandort

67	Rainer Beck
68	Stadt Weingarten
69	Ernst Fesseler 1-6, 9 | Daniel Hartmann 7 | Rupert Leser 8
70	Ernst Fesseler
71	Rupert Leser
72	Ernst Fesseler H, 2 | Daniel Hartmann 1 | Stadt Weingarten 3
73	Ernst Fesseler

Seite	
74	Daniel Hartmann 1, 2, 4 | Stadtarchiv 3
75	Daniel Hartmann
76-77	Rupert Leser
78-81	Daniel Hartmann
82	Stadt Weingarten
83	Rupert Leser H, 3 | Daniel Hartmann 1, 4 | Ernst Fesseler 2
84	Rupert Leser 1, 3 | Ernst Fesseler 2 | Daniel Hartmann 4
85	Rupert Leser 1, 6 | Fotoforum 2 | Stadtarchiv 3-5, 7, 8

Feste, Brauchtum, Geselligkeit

87	Fotoforum
88	Daniel Hartmann 1, 2 | Stadtarchiv 3
89	Ernst Fesseler H, 1 | Daniel Hartmann 2-7, 10, 12, 15 | Verkehrsamt 8 | Reinhard Jakubek 9 | Narrenverein Bockstall 11 | Fotoforum 13 | Stadtarchiv 14 | Rupert Leser 16
90-91	Daniel Hartmann
92	Ernst Fesseler H | Daniel Hartmann 1
93	Ernst Fesseler 1-3, 5 | Fotoforum 4
94	Ernst Fesseler 1, 2, 4 | Stadtarchiv 3
95-96	Daniel Hartmann
97	Reinhard Jakubek 1, 3 | Stadt Weingarten 2 | Ernst Fesseler 4
98	Fotoforum H | Reinhard Jakubek 1,2 | Daniel Hartmann 3 | Stadt Weingarten 4
99	Daniel Hartmann

Seite	
100-101	Daniel Hartmann
102	Rainer Beck H | Daniel Hartmann 1-9
103	Daniel Hartmann
104	Fotoforum 1 | Daniel Hartmann 2-4
105	Daniel Hartmann
106	Rupert Leser H, 1-3, 5-9 | Daniel Hartmann 4
107	Rupert Leser 1 | Daniel Hartmann 2-4
108	Daniel Hartmann
109	Daniel Hartmann H, 1 | Stadtarchiv 2
110-111	Daniel Hartmann

Schulen und Hochschulen

113-114	Ernst Fesseler
115	Daniel Hartmann
116	Ernst Fesseler 1, 2, 4 | Rupert Leser 3
117	Rupert Leser 1, 4 | Ernst Fesseler 2, 3, 5
118	Ernst Fesseler 1, 4 | Stadtarchiv 2 | Daniel Hartmann 3
119	Daniel Hartmann H, 7 | Ernst Fesseler 1, 3-6, 8, 9 | Stadtarchiv 2
120-121	Ernst Fesseler
122	Werner Nurna 1 | Daniel Hartmann 2-6, 8, 9 | Fotoforum 7 | Stadtarchiv 10
123	Daniel Hartmann
124	Daniel Hartmann 1, 3 | Stadtarchiv 2

Seite	
125	Daniel Hartmann
126-127	Rupert Leser
128	Rupert Leser
129	Rupert Leser H, 2-8 | Daniel Hartmann 1

Kultur und Kunst

131	Daniel Hartmann
132	Daniel Hartmann H, 1-3 | Stadtarchiv 4
133	Johannes Volz
134	Johannes Volz 1, 3 | Daniel Hartmann 2, 4
135	Johannes Volz H, 2-9 | Daniel Hartmann 1
136	Verkehrsamt 1, 2 | Stadtarchiv 3-5
137	Daniel Hartmann
138	Ernst Fesseler 1, 3 | Daniel Hartmann 2
139	Ernst Fesseler 1 | Daniel Hartmann 2-4
140	Ernst Fesseler 1 | Daniel Hartmann 2-4
141	Daniel Hartmann
142	Daniel Hartmann 1-3 | Franz Suppan 4
143	Daniel Hartmann
144	Rupert Leser H, 1-3 | Daniel Hartmann 4
145	Daniel Hartmann 1, 3, 4 | Anja Köhler 2
146-149	Daniel Hartmann

Seite	
150-151	Ernst Fesseler
152	Rupert Leser
153	Daniel Hartmann 1-3 | Rupert Leser 4

Gesellschaftliches Miteinander

155	Rainer Beck
156	Ernst Fesseler
157	Daniel Hartmann
158	Ernst Fesseler
159	Ernst Fesseler 1 | Daniel Hartmann 2-4
160-165	Daniel Hartmann

Natur, Freizeit und Sport

167	Fotoforum
168	Ernst Fesseler 1 | Daniel Hartmann 2, 3, 5 | Stadtarchiv 4
169	Daniel Hartmann
170	Daniel Hartmann H | Werner Nurna 1 | Stadtarchiv 2 | Fotoforum 3
171	Fotoforum
172-173	Daniel Hartmann
174	Ernst Fesseler
175	Ernst Fesseler 1-3, 5-7, 9 | Stadtarchiv 4, 8

Seite	
176	Ernst Fesseler 1, 3, 4 | Stadtarchiv 2
177	Ernst Fesseler
178–179	Daniel Hartmann
180	Daniel Hartmann 1–3 | Ernst Fesseler 4
181	Stadtarchiv 1 | Ernst Fesseler 2, 3 | Daniel Hartmann 4
182–183	Daniel Hartmann

Städte-Partnerschaften

185	Daniel Hartmann
186	Fotoforum H | Stadt Weingarten 1–3 | Daniel Hartmann 4
187	Daniel Hartmann
188	Stadt Weingarten
189	Stadt Weingarten 1, 3, 5, 8 | Daniel Hartmann 2, 6, 7, 9 | Fotoforum 4
190–195	Stadt Weingarten
196	Daniel Hartmann 1 | Stadtarchiv 2 | Stadt Weingarten 3
197	Daniel Hartmann
198	Daniel Hartmann 1, 3, 4 | Stadt Weingarten 2
199	Daniel Hartmann 1, 2, 5, 7 | Stadt Weingarten 3, 4, 6
200–201	Stadt Weingarten

Die Stadt als Dienstleistungs-zentrum für die Zukunft

Seite	
203	Daniel Hartmann
204-207	Daniel Hartmann
208	Ernst Fesseler
209	Daniel Hartmann
210	Rupert Leser
211	Daniel Hartmann 1 | Stadtwerke Weingarten 2, 3
212-213	Daniel Hartmann

Urbanität und Idylle

215	Daniel Hartmann
216	Ernst Fesseler
217	Daniel Hartmann
218	Ernst Fesseler
219	Ernst Fesseler H, 1, 2, 4 | Stadtarchiv 3
220	Ernst Fesseler H, 2, 4 | Rupert Leser 1 | Daniel Hartmann 3
221	Ernst Fesseler
222-223	Ernst Fesseler
224	Rainer Beck 1 | Ernst Fesseler 2-4
225	Roland Findeisen
226	Daniel Hartmann